BEVERLY RUIZ

Número de Control de la Biblioteca del Congreso de EE. UU.:   2020916817
ISBN: Tapa Dura   978-1-5065-3398-8
               Tapa Blanda   978-1-5065-3397-1
               Libro Electrónico   978-1-5065-3396-4

Información de la imprenta disponible en la última página.

Fecha de revisión: 17/09/2020

Para realizar pedidos de este libro, contacte con:
Palibrio
1663 Liberty Drive
Suite 200
Bloomington, IN 47403
Gratis desde EE. UU. al 877.407.5847
Gratis desde México al 01.800.288.2243
Gratis desde España al 900.866.949
Desde otro país al +1.812.671.9757
Fax: 01.812.355.1576
ventas@palibrio.com
818231

ÍNDICE

DEDICATORIA

Dedico está obra a quien le da sentido a mi existencia, a ti mi Dios. Gracias por tanto Amor.

A mis padres y a toda mi familia que han sido los protagonistas de mi historia. A cada personas que Dios puso en mi camino para ayudarme a desarrollar y producir este libro.

A mi esposo Omalier Ruiz, llegaste a mi vida para mostrarme que el tiempo de Dios es perfecto y lo que nosotros vemos como un sueño inalcanzable para el Creador es un propósito cumplido.

A todos mis compañeros de viaje a través de este momento histórico y sin precedentes para la humanidad. Ustedes han sido la inspiración y la razón de esta *Locura con Sentido*.

En especial a ti, cuyas experiencias han sido parte de testimonios que llegarán a lugares que jamás imaginaste alrededor del mundo. Tus lágrimas, procesos y victorias hoy servirán de inspiración y mostrarán el poder y el amor de nuestro Creador.

AGRADECIMIENTO

Quiero agradecer primeramente a Jesucristo por haberme escogido para vivir experiencias increíbles que hoy puedo plasmar en este libro. Por amarme tanto y por ser mi inspiración y mi razón para no rendirme.

A mi familia que durante todos estos meses han estado a mi lado apoyándome y trabajando junto a mi para crear esta obra literaria que promete transformar el corazón de todos los lectores. Gracias por motivarme constantemente para alcanzar mis anhelos y por tanto amor.

Mi agradecimiento infinito al equipo que Dios escogió y quienes adoptaron mi sueño como si fuera de ellos, ayudándome a crear una obra de excelencia. Gracias por su esfuerzo y su trabajo sin ustedes hubiera sido imposible lograrlo:

Melissa Lebrón - Editora

Pedro Guadalupe – Diseñador de portada

Wilfred Lugo – Diseñador página web

Marlene Ruiz- Diseñadora creativa

Vanessa M Martínez Sulé -Revisión

Agradezco a todos los que han sido protagonistas en este libro con sus historias y por haber sido parte de mi vida creando junto a mis historias que hoy llegaran al alma de todos los lectores.

Gracias a ti Omalier Ruiz, por tu amor, por tu paciencia, por estar a mi lado en el proceso de escribir y abrazarme cada vez que lloraba y también reír junto a mí. Gracias por todas esas noches que te desvelabas mirándome en silencio mientras yo escribía, nunca me dejaste sola. Tu eres mi regalo de parte de Dios. ¡Lo logramos!

MENSAJE PARA LA AUTORA

¿Quién es mi Madre? comienzo con una pregunta y una explicación; si pudieses regresar al pasado y corregir tus errores ¿lo harías.? En mi caso respondería que no, pues el resultado de mis malas decisión y mi ignorancia en el pasado fueron las que me han dado la sabiduría y madurez que tengo hoy.

Como el hijo mayor de mi madre vi sus procesos más dolorosos, aunque ella se esforzaba por esconderlos de mí, pues yo era apenas un niño. Mientras ella pensaba que yo estaba dormido, recuerdo que fueron muchos las veces que me levantaba y veía su desespero, fatiga, dolor y aun puedo escuchar su llanto dentro del baño tarde en la noches y muchas cosas más que pudiera decir. Aunque yo como niño no comprendía tantas fuertes experiencias, mientras fui creciendo aprendí y comprendí quien era mi mamá y los valores que tenía.

Aprendí perseverancia, lo importante que es levantarse, aunque sientas que la vida te arrastra. Como su hijo adquirí una mentalidad firme y fuerte, sobre todo comprendí que no puedo cambiar mis errores del pasado y que ellos no son una derrota, sino una oportunidad para adquirir conocimiento.

Agradezco que aún en medio todas sus difíciles etapas, nunca nos faltó su consejo y sus enseñanza de la palabra de Dios y siempre se aseguró de que yo no pasara por los mismos procesos y caminos que ella tuvo que pasar.

Hoy cuando repaso mi vida tengo que decir que después de Dios mi madre ha sido el instrumento de enseñanza útil y la plataforma que me han convertido en el hombre que soy.

Mi mamá es una mujer con toda una historia llena de errores, derrotas y éxitos que me enseñó que rendirse no es una opción.

Es para mí un honor que este nuevo libro **Locura con Sentido** llegue a cada rincón del mundo y a través de su historia y testimonios puedan conocer a una mujer ejemplar, llena de experiencias y cicatrices con un corazón apasionado por guiar y ayudar a cada persona a superar sus procesos y a cumplir con el propósito de Dios en sus vidas.

Te Amo madre mía por tu amor no fingido y por usar tus heridas para curar a otros, Dios te bendiga grandemente, estoy orgulloso de ti.

Jonathan

El significado de lo que es ser mamá es infinito. Una madre es protectora, disciplinaria, desinteresada y amorosa. Una madre sacrifica sus deseos y necesidades por la de sus hijos. Una madre trabaja duro para asegurarse de que sus hijos crezcan con los conocimientos y principios necesarios para que puedan convertirse en seres humanos excepcionales.

Ser madre es el trabajo más difícil y gratificante que puede experimentar una mujer y mi madre ha sido el mejor ejemplo y mi inspiración. Ella me ha enseñado a creer en mí misma y a vivir para ayudar a los demás. De ella he aprendido lecciones que han sido las que me han ayudado a salir adelante en la vida.

Siempre ha estado a mi lado aun cuando el mundo entero estaba en mi contra. Me enseñó que está bien equivocarse y que más importante que el problema es la solución.

Mis procesos me habían llenado de ira, me sentía enojada, confundida, pero ella siempre buscaba la forma de mostrarme la parte positiva y me enseñó a buscar la paz en quien único me la podía dar, Jesús.

Gracias mami, por tus enseñanzas y tu ejemplo. Por hacerme reír hasta llorar con tus ocurrencias. Pero también sacarme una sonrisa cuando solo quiero llorar. Gracias por a veces hacerme la vida difícil pues eso me obligo a convertirme en una mujer fuerte, segura, luchadora, decidida y llena de sueños.

Te felicito por tu nuevo éxito **Locura con Sentido**. Estuve a tu lado mientras escribías muchos de los capítulos. Soy testigo de tu arduo trabajo y de las experiencias sobrenaturales que hemos vivido mientras lo escribías. El libro llega justo cuando la humanidad está en medio de una crisis y necesita dirección para volver a encontrar el camino y el balance en sus vidas.

Locura con Sentido será un Éxito, estoy muy orgullosa de tus logros, pero aún más de llamarte mi mamá.

Con Amor,
Beverly Ann

¿Qué es una madre? Pues por definición, es quien cría y cuida a sus hijos con amor. Soy el más pequeño de mis hermanos y mientras crecía siempre fui "el niño de mamá" algo que no lograba entender. La imagen de mi padre siempre ha estado en mi vida, pero físicamente siempre fue mi mamá la que estuvo presente y tomó las riendas de nuestra familia.

Ahora que ya soy un hombre me he dado cuenta de que el propósito de nuestra vida es definido por la base que has tenido desde que eras niño. No importa si fue una niñez buena o no tan buena, incluso terrible todas esas enseñanzas y cuidados son las que te catapultan hacia tus sueños y eso es lo que exactamente esta mujer hizo por mí, desde el principio ella ha sido la raíz de mi éxito.

El éxito se puede interpretar de muchas maneras, pero como yo lo veo no se trata del objetivo, ni la meta, sino del viaje y eso fue lo que aprendí de ella, nunca rendirme ante los retos y tener fe.

Recuerdo que de niño me enseñó un versículo muy importante, Mateo 17:20 lo resumo brevemente; "Si tienes fe como un grano de mostaza, puedes mover montañas" y desde ese día para mi TODO ES POSIBLE.

Mi mamá es la definición de lo que es el arduo trabajo, perseverancia, dedicación y ser una gran soñadora. Ella cree que estamos en esta tierra para hacer algo más que vivir, que debemos ir en contra de la corriente para cambiar el mundo y mostrar la luz que hay dentro de cada uno de nosotros.

Como hijo de un ser tan maravilloso, no quiero volver atrás ni cambiar nada, ella ha sido el ejemplo perfecto de creer y ser un guerrero. Ella me enseñó más de lo que pude aprender en la escuela, en la universidad o en mi carrera.

Disfruten **Locura con Sentido** y espero que sus vidas sean impactadas de la misma manera que ha impactado la mía y la de muchas otras personas.

Te amo mami con todas mis fuerzas.

Josué

Para mí es un honor y un orgullo hablar de la mujer que cautivó mi corazón con una simple mirada. Haber estado a su lado mientras escribía **Locura con sentido** ha sido una experiencia inolvidable y maravillosa.

Beverly Ruiz me ha dado cátedra de cómo se vive la vida y de la actitud que debemos de tener ante los procesos. Cuando la conocí y la escuche hablar de algunas de sus vivencias me cautivo su valentía, sus energías inagotables y sobre todo su alegría contagiosa.

¿Cómo puede una personas ser tan feliz luego de haber vivido tantas experiencias dolorosas? La respuesta a esta pregunta la descubrí en el caminar junto a ella, su fe y su amor por el Creador es mucho más grande que todo el dolor haya sufrido.

Su lema es; "rendirse está prohibido" y lo ha hecho su estilo de vida. Gracias a eso hemos superado retos, alcanzado mentas, cumplido sueños y recibido milagros maravillosos. Cada día oramos juntos para que Dios siga guiando nuestros pasos y nos prepare para nuestro siguiente reto.

Hoy te invito a que la acompañes hacer un viaje a través de su vida y sus experiencias. **Locura con sentido** te llevará a vivir todas las emociones, es un libro que querrás leer una y otra vez y estoy seguro de que sus enseñanzas te acompañaran por el resto de tu vida, porque cada palabra escrita te llegará al alma.

Omalier

PRÓLOGO

Toda persona que me conoce sabe que soy increíblemente positiva y que no me rindo fácilmente. Además, soy la payasita que a todos les saca una sonrisa, mi fe es el motor de mi vida y todos los días le hablo a alguien de Jesús. Pero no siempre soy así, cuando llegan esos tiempos difíciles, esos que te dejan sin aire y te despiertan a cada hora durante la noche y te hacen abrir la nevera cada cinco minutos por la ansiedad que te provocan, me convierto en alguien diferente. Me vuelvo vulnerable, me siento frágil y asustada y aunque a veces me toma un tiempo, siempre determino hacer algo al respecto y salir de ese estado de ánimo.

Cuando llegó el Covid-19 al principio pensé que era algo momentáneo y que todo estaría bien, así que comencé a planificar nuestro viaje a Santorini en Grecia para la boda de mi hijo y compré los pasajes hice las reservaciones de hotel y mientras los días, las semanas y los meses fueron pasando, comencé a darme cuenta de que no se trataba de algo pasajero, entonces sentí que mi mundo se me había venido abajo.

¿Cómo es posible? La vida le cambio a toda la humanidad en solo días, ahora los que tenemos la dicha de tener un trabajo lo hacemos desde nuestra casa. Ya no hay besos, abrazos, ni reuniones de familia ni de amigos, hasta nos prohibieron ir a la playa o salir de tiendas y lo más increíble, nos cerraron las iglesias.

Pase semanas aumentando de peso por la ansiedad que no podía controlar. Comencé por las redes sociales a darle animo a mis seguidores y mi familia, los invitaba a no rendirse y a tener una actitud positiva y sobre todo a que confiaran y descansaran en Dios, cuando la realidad era otra, dentro de mi corazón pensaba y sentía muy diferente a lo que decía.

Fue entonces cuando desesperadamente busqué mi laptop y decidí comenzar a escribir, sabía que si no buscaba la forma de canalizar mis temores me volvería loca. Junto a mi esposo comenzamos a buscar de Dios a cada instante y de diferentes formas para encontrar la paz que necesitábamos y en lo personal para que me diera la inspiración, los temas y dirigiera mi obra.

Comencé a poner en orden escritos anteriores que por años estaban guardados. Luego comencé a recordar todas las experiencias y las historias que había vivido y según iba montándolas como si fueran las piezas de un rompecabezas todo comenzó a cambiar porque me había desprendido de un presente para navegar en memorias que en algún punto en mi vida me habían marcado para siempre.

Fue entonces cuando Dios puso el título en mi corazón, **Locura con Sentido**. El titulo perfecto que con tan solo leerlo revela el contenido del libro. Historias y testimonios que se resumen en mensajes que te dejaran sin aliento. Acciones y decisiones tomadas en determinados momentos que fueron una locura, pero como resultado trajeron el éxito y la victoria.

Este libro con toda intención está escrito en palabras simples para que todo el mundo pueda comprender su mensaje y pueda sentir que es una conversación intima donde te cuento mis intimidades y mis experiencias. No tiene una cronología en sus historias para obligarte a viajar de un tiempo a otro y vivir todas las emociones y concluir en un mensaje que te provoque recapacitar y hacer cambios en tu vida.

Definitivamente, no puedo cambiar la realidad que está viviendo la humanidad en estos momentos, pero lo que si estoy segura es que si yo al concluir mi libro recobré mi paz y el control de mis emociones y fortalecí mi confianza y mi fe en Dios. Además, comprendí que el único tiempo que me pertenece es este que estoy viviendo hoy y que por consiguiente debo vivirlo plenamente y convencida de que he perdonado y amado lo suficiente y he entregado lo mejor de mí a pesar de todo el caos que me rodea, entonces también lo hará contigo, sé que parece una locura, pero te garantizo que tiene sentido.

Beverly

INTRODUCCIÓN

Después del éxito de mi primer libro *El Grito* no fue fácil para mi volver a escribir. Comencé cientos de libros que después de horas y días de trabajo, fueron borrados en un segundo con la tecla "delete" y otros están coleccionados en la memoria externa de mi computadora.

Siete años después nace **Locura con Sentido** escrito en solo días porque la inspiración fluyo como cuando brota agua fresca de un manantial en medio del caos que ha golpeado a la humanidad sin piedad, la pandemia del coronavirus.

Cada escritor tiene una forma peculiar de buscar inspiración y escoger sus temas, en mi caso escribo para alimentar el alma y esto hace que todo sea un poco más complicado pues conlleva una preparación espiritual y mucha responsabilidad.

Cuando escribí por primera vez, la inspiración nació de mis experiencias de vida en especial hubo una que fue la que me dejó tirada en el suelo sin aire, sin embargo, fue la que me dio las fuerzas y la determinación para comenzar a escribir.

Pero en esta ocasión, no podía entender porque me estaba costando tanto trabajo volver a escribir, sin embargo, ahora puedo comprenderlo; cada experiencia y testimonio vividos en estos pasados años concluyendo con el Covid 19 serían el material de escritura para este nuevo libro, el cual promete transformar y llenar de fe, esperanza y amor el corazón de cada lector.

El título **Locura con Sentido** por si solo resume el tema completo de este escrito. En mi caminar aprendí que si vivimos con un pensamiento lógico que le dé sentido a todo lo que nos rodea con el tiempo terminaremos perdiendo la cordura.

La historia nos muestra que los grandes logros y descubrimientos fueron hechos por hombres y mujeres que se atrevieron salir de la lógica para hacer algo que parecía una locura y que luego del rechazo, la crítica y el señalamiento, lograron el éxito y cambiaron la historia de la humanidad.

Hay locuras que son necesaria para poder alcanzar nuestras metas, propósitos y misión en esta tierra y a través de esta lectura te mostrare que todas tienen sentido. Son esas locuras que nada tienen que ver con los trastornos emocionales sino con hacer cosas que parecen no tener sentido, pero cuando ponemos acción, nos permiten cumplir sueños y alcanzar metas que parecían inalcanzables.

Todos tenemos algo de locos, creemos en la existencia del aire y del viento que lo mueve porque lo sentimos, aunque no sabemos de dónde viene y hacia dónde va sin ellos sabemos que no podemos existir. De la misma forma creemos en la existencia de un Dios que no hemos visto pero si hemos sentido su inmenso poder y la locura de su amor es la que le da sentido a nuestra efímera existencia en esta tierra.

Te invito a recorrer a través de las páginas de este libro, historias, testimonios, anécdotas y reflexiones que prometen cambiar tus pensamientos lógicos y racionales por unos de *Locuras con Sentido*.

CAPÍTULO 1

El comienzo

Quiero comenzar contándoles un poco de mi trayectoria y cómo una decisión me llevó a cumplir un sueño que parecía inalcanzable: ser escritora.

Mi primer libro, *El Grito*, fue un desahogo desesperado, una catarsis. Había vivido toda mi vida experiencias muy difíciles, sin embargo, solo una me motivó a comenzar a escribir. En el año 2010, a la edad de 47, viví la terrible experiencia de haber sido violada sexualmente.

No sabía cómo contarle a mi familia y amigos más allegados, así que determiné escribir un libro. Me tomó un año escribir lo que puedo hoy describir como mi proceso de sanación. Todos los que me conocían sabían que yo estaba escribiendo, pero, con excepción de dos o tres personas, nadie sabía cuál era el tema del libro.

Fueron días difíciles, pues hasta bromas hacían las personas tratando de adivinar el tema. Hubo amigos muy allegados e importantes para mí que dudaron de mi capacidad para escribir, de hecho, hasta cruelmente se burlaron.

¿Habrán escuchado el refrán que dice "crea fama y acuéstate a dormir"? Pues esa era mi más grande preocupación: compartir aquella terrible experiencia y que las personas dudaran o, peor aún, que pensaran que yo la había provocado. Lamentablemente, este sentimiento de temor y culpabilidad lo sienten casi todas las personas que han vivido la experiencia del maltrato y el abuso sexual.

Desde niña fui muy independiente y con una personalidad muy poco común, hacía cosas que me habían dado el muy bien merecido sobrenombre de "Beba, la loca". Yo no era la niña tradicional, era lo que llamaban la "oveja negra" de la familia, simplemente porque era diferente y no seguía los "patrones" de las niñas de mi edad.

Ya adulta, como mujer profesional y bien centrada, en el interior de mi corazón muchas veces sentía ese temor de ser juzgada y señalada, así que contar sobre aquella violación era todo un reto para mí. Muchas veces quise rendirme y no compartir con nadie lo que había vivido. Sin embargo, en otras ocasiones cuando repasaba el manuscrito, una fuerza y una voz dentro de mi interior me impulsaban a seguir.

Una vez terminado el manuscrito, decidí buscar información en "Google" del procedimiento de producir un libro. Elegí al azar una editorial que parecía tener buenas referencias y se ajustaba a mi muy corto presupuesto. Recuerdo que llamé y una joven muy amable me orientó acerca del procedimiento.

Cuando le pregunté cuánto me costaría producir veinte libros, se sorprendió y me preguntó por qué deseaba solo hacer esa cantidad de libros. Le conté mis intenciones y ella me pidió que le enviara el manuscrito, a lo que rotundamente me negué, le dije que nadie lo había leído, que solo necesitaba saber el costo de la producción.

Esta joven insistió ya que no podría darme una cotización sin antes ver la cantidad de páginas y otros detalles importantes para determinar el costo. Ella me indicó que una vez yo le enviara el manuscrito, al otro día me haría llegar la cotización.

Decidí enviarle el manuscrito y esperé por dos semanas (que parecieron eternas), mientras en mi cabeza había una guerra de pensamientos. No me atrevía a llamarla, pues no estaba preparada para escuchar que mi libro no estaba a la altura y no debía ser publicado. Por otro lado, me estaba volviendo loca el hecho de que no llamara.

Para los que no conocen del proceso de producción de un libro, cuando tú lo produces, las editoras no se leen los manuscritos completos, solo los miran por encima para determinar de acuerdo con la cantidad de páginas y palabras cuánto será el costo de la producción.

Por fin, una mañana recibí la tan esperada llamada. Sentía que el corazón se me saldría del pecho, estaba ansiosa y muy nerviosa. Apenas dejé a la joven saludar, cuando la interrumpí para preguntarle por qué había tardado tanto en comunicarse. Ella muy amable se disculpó y me explicó que le causó mucha curiosidad el hecho de yo no querer enviar mi manuscrito, así que cuando lo recibió, se tomó el tiempo de llevarlo a su casa y leerlo completo.

No se imaginan qué alivio fue escuchar aquellas palabras. Ella me dijo: "Señora, su libro tiene que salir alrededor del mundo, es necesario que las personas lo lean". Luego, me contó cómo había sido su experiencia, había reído, llorado y cuando terminó, tuvo que reflexionar sobre su vida y definitivamente eso fue suficiente para yo decidir publicar mundialmente mi libro.

Me tomó un año editar y pagar la producción, pero cuando el 1ro de noviembre de 2013 salió a la venta y vi la reacción de las personas en las redes sociales, en la Internet y el "SOLD OUT" en Amazon, supe que todo había valido la pena y mi decisión había sido la correcta.

Esperar la reacción de mi familia y de los más allegados fue la parte más difícil de este proceso. Como había de esperarse, mis tres hijos reaccionaron de forma diferente. Fue una mezcla de emociones y de impotencia ante lo que había sucedido y, aunque me reclamaron el hecho de no haberles contado antes, reconocieron mi esfuerzo y el duro proceso por el cual había pasado. Sin embargo, hoy día es para ellos un legado de perseverancia, determinación y mucha valentía.

Muchos amigos y familiares se comunicaron para saber más detalles de lo que había sucedido y expresarme su respeto y admiración por mi arduo y magistral trabajo. Irónicamente, algunos de ellos fueron los mismos que un día se habían burlado de mí. Mis enemigos no me dejaron saber su sentir, aunque no dudo que hicieron sus propias conjeturas.

Tengo que concluir este capítulo diciendo que mi sueño fue ser escritora, el material para escribir fue mi propia vida y la meta alcanzada fue escribir un libro. Sin embargo, mi logro más significativo fue superar mis propios miedos. Hoy soy de inspiración para miles de personas que pensaban que el proceso, las pruebas y el dolor, eran un castigo de Dios y a través de mi vida entendieron que son la manifestación más grande y hermosa de su amor y su poder.

La locura de exponer mi vida a un mundo que podía destruirme me llevo a trascender a través del libo y llegar a lugares que jamás imagine para llenar corazones de esperanza y de fe.

Porque yo sé muy bien los planes que tengo para ustedes — afirma el Señor—, planes de bienestar y no de calamidad, a fin de darles un futuro y una esperanza. - Jeremías 29:11

CAPÍTULO 2

Tormenta en el desierto

¿Alguna vez has dicho o has escuchado a alguna persona decir que está pasando por el desierto? Esta es una expresión común cuando queremos expresar que atravesamos una crisis en la cual nos encontramos solos y faltos de recursos para resolverla. Pero ¿qué es realmente un desierto y por qué asociamos nuestro dolor con él?

En una ocasión, leí un reportaje de "National Geographic" en el que se hablaba de las bellezas sobrenaturales de los desiertos. El autor decía que ningún hombre debería morir sin antes haber visto los paisajes y la belleza inimaginable que se esconden en el desierto.

Como todos sabemos, hay diferentes tipos de desiertos alrededor del mundo. Cuando estudié los mismos quedé impactada porque hay desiertos con particularidades naturales increíbles. Hay desiertos pequeños, otros son inmensos como el Sahara, que se encuentra al norte de África. También está el desierto de Pináculos, en Australia, que está formado por rocas en forma de pinos que cubren las arenas. Hubo uno que me impactó y jamás imaginé que existiera algo tan asombroso y maravilloso: el desierto Rojo de Australia. Allí se encuentra una inmensa roca llamada el Uluru que se enciende al amanecer con un rojo incandescente que dura apenas unos segundos y dicen que constituye el más fascinante espectáculo natural que pueda presenciarse. A partir de ese momento, las luces cambiantes del día van variando su color hasta que el ocaso lo viste de un misterioso violeta.

Hubo otro que definitivamente le dio sentido a este capítulo: el Desierto Taklamakán en Asia Central, en la región de la República Popular de China. El nombre Taklamakán traducido literalmente quiere decir, "si entras, no saldrás". Por su borde septentrional y meridional lo atraviesan dos ramales de ruta. Por un lado, tiene diferentes oasis y por el otro, atraviesa el río Jade Blanco, llamado así por los depósitos de jade que se encuentran en él.

Si mencionara y describiera todos los desiertos y sus maravillas naturales, no terminaría. Unos se distinguen por su tamaño, por el clima, por la cantidad de arena, por la forma de sus rocas, por sus colores, por la fauna, por las dunas blancas en fin, te invito a que busques información y te garantizo que quedarás tan impactado como yo.

Lo interesante e increíble de los desiertos es que son todos diferentes, aunque tienen algo en común y es que, si no estás preparado, jamás podrás salir de ellos. Todo el que desee ir a cualquiera de los desiertos, tendrá que prepararse. Primero, deberá conocer sobre el mismo, tener un mapa, ubicar dónde están sus dunas y oasis, conocer los animales y bestias que viven en él. Además, necesitarás al menos doce botellas de agua diarias, la vestimenta adecuada, la transportación y el lugar apropiado para descansar. De no estar preparado, las posibilidades de salir con vida son remotas.

Uno de los riesgos más peligrosos en el desierto son las tormentas de arena y es muy poco probable que salgas vivo de una si no estás preparado.

Tengo un gran amigo que, para el tiempo de la guerra de Iraq, era sargento mayor y tenía a su cargo una tropa. Recibió una misión que les requería cruzar el desierto. Luego de equiparse y preparase, se montaron en sus camiones y comenzaron el camino hacia su destino. Pasaron algunas horas cuando fueron sorprendidos por unos fuertes vientos que les impedía continuar y, al cabo de unos minutos, los había cubierto una tormenta de arena.

No tenían tiempo para montar el campamento, así que permanecieron dentro de sus camiones y allí pasaron largas horas con las ventanas cerradas en medio del intenso calor del desierto.

Los vientos los azotaban, la arena los golpeaba fuerte y apenas podían respirar. Ante aquella devastadora escena, sabiendo que podían perecer, mi amigo comenzó a orar y le pidió a Dios que los ayudara a salir con vida de aquella tormenta él solo anhelaba volver a ver a sus hijos.

Llegó la noche y la tormenta se calmó y la temperatura bajó a 40° F, todo lo opuesto al calor infernal que habían sufrido. Esperaron hasta la mañana y cuando salieron a inspeccionar el área, no podían creer lo que estaban viendo. El sol iluminó la arena y vieron un brillo que parecía ser un espejismo, hasta darse cuenta de que la tormenta había levantado la arena y había dejado al descubierto todas las minas que el enemigo había enterrado para destruirlos.

Ante aquella escena, aquellos soldados levantaban sus manos hacia el cielo con lágrimas de gratitud. Aquella tormenta que ellos pensaron que terminaría con sus vidas, los había salvado.

Según mi amigo, lo más maravilloso no solo fue que Dios había preservado sus vidas, sino que la experiencia sirvió para que cientos de soldados palestinos aceptaran a Cristo como su Salvador y Redentor. Para aquellos soldados, esa tormenta les había dado un nuevo sentido a sus vidas.

Esta historia me conmueve cada vez que la recuerdo y nunca he podido olvidar la emoción y el sentimiento con el que mi amigo me la contó. No sé cuántos de ustedes han vivido una experiencia como esta, seguramente muy pocos o ninguno. Yo no he ido al desierto, pero anhelo poder vivir algún día esa experiencia. Tampoco he tenido que enfrentar una tormenta de arena, sin embargo, he vivido experiencias que me han azotado y me han dejado tirada en el suelo sin fuerzas pensando que jamás lo podré superar y que es mi final. Estoy segura de que tú también has estado en la misma situación, pero al pasar el tiempo descubriste que la tormenta no te destruyó, sino que te hizo más fuerte y terminó salvándote la vida.

¿Qué puede ser una tormenta en tu vida? Cada persona tiene su propio criterio y su propia percepción, por lo tanto, siempre va a ser una experiencia individual. Para mí una tormenta puede ser eso que te cambia la vida en segundos y no te deja opciones o alternativas. Es cuando pierdes el control y el poder absoluto ante una situación, es exactamente lo que les pasó a los soldados: estaban preparados, pero no hubo nada que pudieran hacer ante tal poder destructor.

Quiero contarles sobre una de tantas tormentas que azotaron mi vida, esta me golpeó tan fuerte que pensé que no lo superaría.

En aquel entonces, llevaba más de dieciocho años viviendo en el estado de Florida junto a mis hijos, nietos y mi único hermano varón, mientras que, en la bella isla de Puerto Rico, lugar donde habíamos crecido, vivían mi hermana junto a su familia y nuestra mamá. Mi mamá toda su vida había sufrido de trastornos emocionales, de hecho, pudiera decir que ella es la protagonista de mi libro *El Grito,* así que la labor de mi hermana de cuidarla durante todos esos años fue heroica.

Cuando salió el libro, comencé a viajar muy seguido a la isla para hacer promoción en televisión, radio, prensa y presentaciones especiales. Eran viajes muy cortos, pues tenía que regresar a mi trabajo ya que en ese entonces era agente de seguros ("underwriter") en una compañía de seguros de caballos muy importante en Florida.

Llegar en esos días a la isla era siempre una alegría y una celebración. Cuando has sufrido maltrato emocional y físico, pierdes tu amor propio y tu autoestima desaparece, así que haber recobrado el respeto por mí misma y contar mi testimonio de superación y éxito para ayudar a las personas a hacer lo mismo que yo, era motivo de mucho orgullo, no solo para mí, sino para toda mi familia.

Mis días transcurrían entre mi trabajo, viajes y presentaciones y apenas tenía tiempo para descansar. Mis hijos mayores se habían casado y solo permanecía viviendo conmigo el más pequeño, quien ya estaba cursando su segundo año de universidad. Vivíamos en una casa de dos niveles y recuerdo que una mañana desperté muy temprano, como de costumbre, para prepararme y salir a trabajar. Sin embargo, ese día se sentía diferente.

Había amanecido muy frío y mientras me vestía, sin darme cuenta comencé a practicar en voz alta y en inglés lo que le diría a mi jefe si me despedía de mi trabajo. Parece una locura, ¿verdad? Eso mismo pensó mi hijo quien no podía creer lo que estaba escuchando y desde el segundo piso se asomó a las escaleras y me dijo: "Mami, ¿tú no eres una mujer de fe? ¿Cómo puedes practicar tu despedida del trabajo?".

De más está decirles que me asusté, pues pensé que él estaba dormido. Sentí una terrible vergüenza, ya que mis hijos jamás me escuchaban decir cosas negativas. Al contrario, yo era motivadora cristiana, así que mi fe siempre salía a relucir ante los peores momentos. Traté de contestar lo más rápido posible para poder salir de su presencia así que le dije: "Últimamente las cosas están muy mal en el trabajo y debo estar preparada". Sin permitir que él dijera una sola palabra, salí literalmente corriendo hacia mi carro.

La realidad era que Dios ese día me había mostrado exactamente lo que iba a pasar, aunque no sabía cuándo ocurriría. Había visto a mi jefe sentado al pie de la mesa larga que había en el salón de conferencias de la oficina y muy triste me decía que me tenía que dejar ir por la situación económica de la compañía.

Mientras manejaba hacia mi trabajo, continuaba practicando lo que le diría en inglés a mi jefe si en algún momento me despedía del trabajo. Como todas las mañanas, llegué a la oficina llena de energías y muy feliz y luego de conversar un rato con mis compañeras, comencé a trabajar. Pasadas unas horas, para ser exacta a las 10:00 a.m., llegó la gerente a mi oficina y con una sonrisa muy peculiar en la cual se mezclaban la timidez con nervios y tristeza, me pidió que la acompañara al salón de conferencias.

Firmemente, pero muy tranquila, caminé hasta el salón de conferencias y cuando entré, allí estaba el jefe sentado al pie de la mesa, acompañado de algunas personas que jamás en mi vida había visto. También había un grupo de compañeros de trabajo que se veían muy afectados. Mi jefe, con una mirada muy triste, me miró fijamente a los ojos me pidió que me sentara y me dijo: "Lo siento, Bev, pero tengo que dejarte ir. Lamentablemente, la economía nos ha pegado muy fuerte y, a pesar de todo el esfuerzo, no podemos retenerlos". A diferencia de todos los demás, yo sonreí con agradecimiento y repetí exactamente lo que había practicado durante la mañana.

Fue una experiencia muy incómoda, ya que, por ley, tenían que acompañarme a mi escritorio y esperar a que recogiera todas mis cosas y luego custodiarme hasta la puerta de salida. Una vez terminé de recoger mis cosas, estaban mis compañeros llorando desconsoladamente y esperando a que yo terminara para despedirnos. Nos abrazamos y yo me contuve para no llorar, más bien les di ánimos y, con mi acostumbrado positivismo, me despedí de aquel lugar que por los últimos dieciocho años había sido mi segundo hogar. Caminé tranquilamente hasta mi carro y una vez dentro, le di gracias a Dios por haberme preparado para aquel momento y luego, sin aún mover mi auto, llamé a mi hijo quien contestó rápidamente, pues no era mi costumbre llamar a esa hora.

Me preguntó inmediatamente que si me había quedado sin trabajo. No pude contestarle, pues fue cuando pude comenzar a llorar y a sacar todo lo que llevaba por algunas horas apretando mi pecho. Después de unos minutos de llanto, sin que mi hijo me interrumpiera, le dije que hablaríamos más en detalles en la casa y él me dijo: "¡Mami, Dios te ama mucho!". Esas palabras las recuerdo siempre que estoy pasando por momentos difíciles, pues mi hijo había dicho una gran verdad. Definitivamente, aquella fue una experiencia sobrenatural y muy especial que marcaba el comienzo de muchas cosas que aún en ese entonces desconocía.

Mi libro había salido apenas hacía dos meses, así que había mucho trabajo por hacer. Estaba confiada, pues Dios me había mostrado que era parte de su plan, sin embargo, esta no era la tormenta a la que yo me refería.

Unos días después de perder mi trabajo, recibí una llamada que cambió mi vida. Mi hermana me estaba llamando para informarme que nuestra mamá estaba fuera de control y había perdido la mente casi por completo. Por lo tanto, ella necesitaba que yo regresara inmediatamente a Puerto Rico y me estableciera en su casa para que la ayudara, petición que me pareció muy justa. Sin embargo, eso requería que yo dejara toda mi vida en Florida, incluyendo a mis hijos y mis nietos. Definitivamente, esto había sido inesperado y me llevaría a tomar una de las decisiones más difíciles de mi vida, no solo por todo lo que dejaba atrás, sino porque tendría que ir a cuidar a mi mamá.

Suena algo cruel la forma en que lo digo, pero a la edad de 17 años yo había escapado de mi casa porque no toleraba más la vida de maltrato emocional que vivía junto a ella, aunque en ese entonces desconocíamos que sufría de trastornos emocionales. Así que, como adulta, tendría que regresar para enfrentarme a una situación aún peor y francamente no estaba preparada emocionalmente para ese reto.

Sinceramente, pensé que no era justo. Durante toda mi vida había vivido momentos muy difíciles y por fin, con el éxito del libro, tenía la oportunidad de disfrutar esa nueva etapa de mi vida.

Por días, busqué desesperadamente alternativas. Teníamos un hermano, pero para él era mucho más difícil ese cambio. Él tenía su casa, trabajo y una familia a la cual no podía dejar para mudarse, por lo que definitivamente yo era la candidata perfecta: no tenía trabajo, ni esposo y mis tres hijos eran adultos y cada uno había definido su vida. Así que, no me quedó otra alternativa, que comenzar a hacer los preparativos para regresar a la isla. Me mantuve algunos meses viajando hasta que ya era inminente mi mudanza.

Despedirme de mis hijos, amigos, familia, iglesia y de mi vida, fue muy difícil. No sé cuántas veces quise arrepentirme, pero sabía claramente que esto también era parte del plan de Dios, pues desde el principio había visto su intervención en todo lo que estaba pasando. Así que, aunque muy triste, dejé todo atrás y regresé a la isla.

Me establecí en casa de mi hermana y les confieso que para mí fue bien fuerte el cambio. Fui siempre muy independiente y en esta ocasión mis condiciones eran terribles: estaba sin trabajo, sin transportación, sin dinero y, como si fuera poco, las ventas del libro habían bajado, al igual que las invitaciones a los canales de televisión y a la radio. Al parecer, todo estaba perfectamente planificado para detenerme y obligarme a aceptar lo que en esos momentos no estaba en mis manos cambiar.

En varias ocasiones, despertaba con mi mamá pegándome o gritando sumida en la ira y con su mente totalmente perdida. Me insultaba con palabras ofensivas, me retaba tan fuerte que muchas veces pensé en llamar a mis hijos para que me compraran un pasaje y huir otra vez de ella. Sin embargo, no podía abandonarla en su recta final porque sabía que estaba enferma. Además, era imposible dejar a mi hermana otra vez sola con aquella responsabilidad, al igual que la tormenta de arena, sentía que estaba siendo azotada sin piedad.

Recuerdo que ya había pasado poco más de un año y me encontraba cenando con mi familia, quienes preocupados por mi futuro me preguntaron: "¿Has pensado qué vas a hacer con tu vida? Ya tienes cincuenta años no tienes trabajo y a tu edad es difícil que encuentres uno, tampoco tienes esposo, ya no tienes dinero y tu libro ya pasó de moda. ¡Tienes que poner los pies en la tierra y tener un plan!".

Se me hizo un taco en la garganta e hice mi mayor esfuerzo para no llorar. Sabía que tenían razón, esa era mi realidad, pero yo no la había elegido, además, mi fe era más grande que todo lo que veían mis ojos. Así que, me levanté lentamente de la mesa, tomé mi plato para llevarlo al fregadero y les dije: "Mientras ustedes tienen los pies puestos en la tierra, yo los tengo puestos en el cielo".

Me despedí y caminé hasta mi cuarto, cerré la puerta y agarre la almohada, para cubrirme la boca y no se escuchará mi llanto y mis sollozos desesperados. Oré, clamé y le pedí a Dios que me hablara como lo había hecho con Moisés y Abraham. Le reclamaba que él me había sacado de mi tierra como lo hizo con Abraham, que me dijera si había valido la pena tanto esfuerzo. Después de pasar tiempo llorando y pidiendo una y otra vez que me hablara, me quedé dormida.

Muy temprano en la mañana escuché que había entrado una notificación de "Facebook" a mi celular, así que verifiqué quién me había escrito a esa hora. No era nadie que yo conociera, pero aun así sentí curiosidad en leer su mensaje que decía:

"¡Buenos días! Qué la luz de nuestro amado Señor resplandezca sobre ti y sobre tu familia. Permíteme decirte estas palabras que Dios ha puesto en mi corazón para entregártelas. Él me manda a preguntarte solo esto: "¿Cómo crees que se sintió Juan el Bautista después de bautizar en mi nombre, verse luego en la cárcel?".

"Y me dice que te diga esto: "¿Sentirte sola? ¿Sentirte como si yo no te escuchara? ¿Hacerte la pregunta si vale la pena todo tu esfuerzo? Te dice el Señor, lo que sientes, yo también lo sentí de camino a la cruz, pero siempre dije: "¡Qué se haga tu voluntad, Padre, y no la mía! Dime, Beverly, ¿cuándo has visto que yo, tu Dios, Jehová de los ejércitos, desprecio o tengo en poco el sufrimiento del pobre? O, ¿cuándo he escondido mi rostro de él? Jamás olvides que todo lo puedes lograr en mi nombre porque yo soy tu roca, tu Dios que te sostiene de tu mano derecha, puerta que abro nadie cierra y puerta que cierro nadie abre. Yo lo dije y yo te cumpliré, te prometí que te llevaría a las naciones y respóndeme, dime si no lo estás viendo. ¡Respóndeme!".

"Cuando te puse el sentir del libro, ¿sabes por qué fue? No fue para entrevistas, tele, radio, esas son añadiduras, es porque amo a mi pueblo, es porque con tu testimonio levantaría a otros. ¿Por qué te sientes así? Yo soy Jehová de los ejércitos, lo que empiezo lo término".

Cuando leí este mensaje todo mi cuerpo se estremeció. Solo podía llorar de emoción y alegría y repetía una y otra vez; ¡DIOS ME HABLÓ, DIOS ME HABLÓ! y me llamó por mi nombre, además, citó mis palabras. Estaba muy nerviosa, apenas podía sostener el teléfono.

Eufórica e intrigada, inmediatamente le pregunté a aquel hombre quién era y él contestó:

"Hermana, soy un humilde pastor de Panamá. Me encontraba durmiendo y el Espíritu Santo me despertó para que la buscara en "Facebook" y le escribiera ese mensaje. Usted es bien importante para Dios".

Aquella respuesta me hizo desplomar y caer de rodillas y comencé a dar gritos de alegría y agradecimiento porque Dios me había hablado y me había iluminado el camino y ahora podía ver claramente.

Todos los desiertos son hermosos y peligrosos y todas las tormentas nos van a azotar y a sacudir, pero debemos entender que Dios usa el dolor como un proceso con propósito para nuestras vidas. Las tribulaciones son un desafío a nuestra fe y una oportunidad de aferrarnos a sus promesas y a su amor.

Esta tormenta no había llegado para destruirme, sino para salvar mi vida. Ordenar mi vida con mi mamá y estar a su lado, fue una experiencia difícil pero necesaria y la más gratificante que jamás he vivido.

> **La locura de pedirle a Dios que me hablara como lo había hecho con los grandes hombres de la palabra me llevó a recibir una respuesta directa de parte de él que cambio mi vida para siempre.**

Clama a mí, y yo te responderé y te revelare cosas grandes e inaccesibles, que tu no conoces. Jeremías 33:3

Dedico este capítulo a ese soldado, amigo y hermano quien prefiere mantenerse en anonimato. Gracias por dejarme compartir una de las tantas historias que viviste para ser contadas y de esta forma demostrar que nuestro Dios es de estrategias y su misión siempre será de amor.

CAPÍTULO 3

Robert, el extraterrestre

En una ocasión, siendo aún muy joven, mi papá me preguntó: "Si a un lado de la calle hay un loco hablando y en el lado opuesto hay una persona coherente o normal haciendo lo mismo, ¿a cuál de los dos escucharías?". Sin pensarlo dos veces, le contesté: "AL LOCO".

Bueno, al pasar los años parece que Dios quiso que yo honrara aquella declaración que le había hecho a mi padre y me puso la encomienda de cuidar, junto a mi hermana, a nuestra madre. Como les conté en el capítulo anterior, ella había sufrido durante toda su vida de trastornos emocionales los cuales con los años fueron empeorando y para el 2015 ya se había confirmado su diagnóstico de: esquizofrenia, psicosis, bipolaridad y, francamente, no recuerdo cuántas cosas más.

Cuando aún vivía en el estado de Florida, mi hermana nos estuvo llamando por años a mi hermano y a mí para contarnos las cosas que tenía que soportar por culpa de la condición mental de nuestra madre. Pero como nosotros vivíamos fuera de Puerto Rico, teníamos la parte más fácil en esta historia que era escuchar a mi hermana desahogarse y luego llamar a nuestra mamá para que nos contara su versión, la cual nos repetía algunas cien veces y pobrecitos de nosotros si nos atrevíamos a interrumpirla o a llevarle la contraria. Esto era un ciclo repetitivo.

En una ocasión, mi hermana me llamó eufórica para preguntarme cuándo yo regresaría a la isla. De casualidad regresaba esa misma semana, así que ella me dijo: "¡Perfecto! Necesito que cuando llegues, le des la sorpresa a mami en la clínica que ella visita y cuando tengas la oportunidad le preguntes sutilmente sobre "su novio". - ¿Qué tú dices? ¿Mami tiene novio? -

La emoción nos tenía a gritos a las dos, solo podíamos repetir una y otra vez "¡Gracias, Dios!". Las dos estábamos felices, pero mi hermana mucho más, pues parecía que al fin tendría a alguien cerca que la ayudaría con la situación de nuestra mamá. Obviamente, dentro de la euforia le pedí a mi hermana que me diera más detalles, pero mi mamá no había querido contarle mucho, así que coordinamos que yo llegaría a la cafetería de la clínica, lugar donde por costumbre mi mamá iba almorzar luego de sus citas.

De más está decirles, que la emoción no me dejaba ni dormir. Toda la vida nuestra madre estuvo en busca de su príncipe azul. Se había divorciado de mi papá, cosa que yo agradecí, pues nuestra niñez fue terrible: entre ellos nunca hubo una relación de amor y normal. Eran personas muy diferentes, no solo porque mi papá era veinticuatro años mayor que ella, sino porque sus intereses, personalidades, gustos, religión, en fin, todo entre ellos eran diferente y no coincidían en absolutamente nada.

Por años, mi mamá tuvo varios intentos fallidos en busca del amor, pero por su condición mental no se le hacía fácil mantener una relación. Sin embargo, nunca perdió las esperanzas porque aún en su vejez hablaba de que seguía en espera del "hombre de su vida", así que esta era una gran noticia para todos.

Por fin, llegó el tan esperado día. Una vez llegué al aeropuerto, recogí el auto alquilado y me fui directo a la clínica para el encuentro sorpresa con mi mamá. Cuando entré a la cafetería, allí estaba sentada solita en una mesa, se veía tan frágil, los años no habían pasado en vano.

Lentamente, me acerqué y le susurré al oído: "Señora, ¿la puedo ayudar en algo?". Recuerdo que se dio vuelta para poder mirar de frente y contesto: "¡No, gracias!". Luego de unos segundos mirándome fijamente, me reconoció y comenzó a gritar con emoción, acaparando la atención de todos en la cafetería y diciendo: "Esta es mi hija, ella es la escritora, está en la televisión y una y otra vez repetía lo mismo".

Me tomó un tiempo en lo que logré bajar su nivel de emoción y, cuando ya estaba más tranquila, comenzamos a conversar. Le conté que había llegado a la isla para hacer unas promociones y que supe que estaba en la clínica y quise buscarla para llevarla de regreso a su casa. Después de unos minutos y como si me fuera a contar un secreto en voz baja, me dijo: "Tengo una noticia que darte, pero por favor no le cuentes a tu hermana, pues tú sabes que ella no me entiende. Tengo novio y me voy a casar". Obviamente, me hice la sorprendida y reaccioné llena de alegría y emoción y le pedí que me contara todos los detalles.

Súper emocionada, me contó que él se llamaba Robert, que era un arqueólogo que trabajaba para los Estados Unidos, aunque estaba establecido en Puerto Rico desarrollando unos proyectos especiales. Que era muy alto y medía más de 6' 5", blanco con ojos azules y no tenía pelo y, muy importante, que nunca se había casado, ni tenía hijos y estaba muy bien económicamente. Según ella, era guapísimo y estaban muy enamorados.

Después de aquella descripción, yo era la que necesitaba bajar mi nivel de emoción, pues sentía que el corazón se me salía del pecho. Inmediatamente, le dije que quería conocerlo y ella me miró fijo a los ojos y me pregunto: "¿Lo quieres conocer ahora mismo?". A lo que contesté: "¡Pues, claro! ¡Ahora mismo!". Entonces, buscó su cartera, la colocó sobre la mesa y yo supuse que sacaría su celular, pero no fue así. Luego hizo como una preparación mental, así como cuando estás meditando profundamente y después se llevó las dos manos a su cabeza y las colocó a los lados de su frente y comenzó a llamar: "Robert, Robert, contesta por favor. Robert, tengo aquí a mi hija". En ese momento, yo sentí como si me hubieran metido una cachetada o un golpe y mi reacción fue bajarle los brazos y preguntarle: "¿Qué estás haciendo?". A lo que ella me contestó en voz muy baja: "Es que Robert es un extraterrestre y nos comunicamos por telepatía". - ¿Cómo? - Me tomó unos segundos procesar lo que me estaba diciendo, sentí que me faltaba el aire y que algo me apretaba el pecho. ¿Cómo es posible que ella me pudiera describir a una persona tan perfectamente y con sentido y realmente fuera una locura?

Debo decirles que entré en crisis, aunque hice un esfuerzo sobrenatural para no demostrarlo. Sutilmente, le pedí que lo llamara luego y que cuando él tuviera tiempo, lo conocería en persona. Ella me explicó inmediatamente que por eso no se lo decía a mi hermana, porque ella no lo entendería y luego siguió contándome con normalidad todo lo que realmente parecía una película de ciencia ficción.

Mi hermana había llamado varias veces, así que le dije a mi mamá que iría al baño y de ahí me comuniqué con ella. Estaba tan eufórica por querer saber que apenas dejó sonar el teléfono y rápidamente contestó. Yo no sabía cómo quitarle la ilusión y le dije: "No sé si llorar o reírme porque aún estoy tratando de procesar lo que mami me acaba de decir. Su novio se llama Robert y es un extraterrestre". Se hizo un silencio y después de unos minutos, con profundo dolor, me dijo: "Hemos perdido a mami". Entre tristeza, decepción y frustración, decidimos seguirle la corriente hasta que su médico la evaluara.

Días después, llevé a mi mamá a la cita con su psiquiatra y luego de la evaluación y de algunos estudios, me confirmó que la enfermedad de mi mamá estaba muy avanzada y que, a pesar de los medicamentos, llegaría el momento en el que perdería por completo su mente. Nos advirtió de su agresividad e impulsividad y que necesitábamos llevarla a vivir con nosotros, pues ya no podía estar más sola.

Salí de la oficina del doctor y tuve que detenerme uno minutos en lo que procesaba todo lo que aquel hombre me había dicho. Miles de pensamientos me corrían por la mente, yo tenía que regresar a Florida y sabía que esto sería una responsabilidad muy fuerte para mi hermana. De pronto, fui interrumpida por mi mamá, quien, con su acostumbrado tono de voz, que pareciera tener un pito en la garganta y el cual desde pequeña yo detestaba, me gritó: "¿Te piensas quedar parada ahí como una estaca? Avanza que Robert y yo nos estamos muriendo de hambre".

Así comenzó toda la historia de Robert, el extraterrestre. Como les había contado, después de unos meses tuve que regresar a la isla y si fue difícil dejar mi vida en Florida y vivir con mi hermana, más terrible fue tener que convivir con Robert. Parece una broma, pero no lo es. Comencé este capítulo con la pregunta que mi papá me había hecho y la contestación que le di, pues literalmente pasaba todo el día escuchando a mi mamá hablar de Robert como si se refiriera a una persona real de carne y hueso.

Mi hermana y yo tenemos personalidades muy distintas. Ella es estructurada y vive con la lógica; yo soy todo lo contrario, fluyo con la vida, soy aventurera y me encanta hacer locuras sin programarlas o con determinado propósito. En esta historia de amor entre mi mamá y el extraterrestre, les garantizo que yo fui la que logró entender y manejar la demencia de nuestra madre, pues la clave era entrar en su locura, cosa que para mi hermana era imposible. Por otro lado, mi hermana se ocupaba de organizar las necesidades de nuestra madre, sus medicamentos, médicos, más bien ella manejaba todo lo administrativo. Nos convertimos en un gran equipo.

Un día mi mamá estaba llorando en una crisis, mientras mi hermana trataba de hacerla entrar en razón y de tranquilizarla. Yo acababa de llegar y cuando vi lo alterada que estaba, le pregunté qué estaba pasando. Ella, entre lágrimas, me contó que Robert había sido baleado y estaba mal herido y unos médicos extraterrestres habían venido a operarlo a su casa y que ella solo quería que yo le llevara unas vitaminas.

Inmediatamente, traté de bajar su nivel de ansiedad y le pedí que me diera las vitaminas que yo se las iba a llevar. Cerca de donde vivíamos había una casa de dos niveles color azul y cada vez que pasábamos por allí, mi mamá decía que Robert vivía allí. Luego de mi hermana escuchar mi contestación, me miró sorprendida y me susurró: "¡Tú estás más loca que ella!". Pero yo sabía que tenía que ser convincente, de lo contrario no lograríamos que ella se tranquilizara, así que tomé la bolsita que ella me entregó con todas las vitaminas y busqué las llaves del carro y conduje hasta la "casa" de Robert.

Cuando llegué a la casa, en el balcón había una pareja de ancianos sentados acompañados por una señora más joven. Me les acerqué y los saludé y con mucha amabilidad les pregunté si en la parte de arriba de la casa vivía Robert, el extraterrestre. La cara de ellos cambió, se miraron entre sí y algo nerviosa la señora más joven me dijo que me había equivocado de casa, pues no tenían a nadie con ese nombre y esa descripción viviendo allí.

Entonces, comencé a reírme y me disculpé por haberlos asustado y les conté sobre mi mamá y Robert. Les dejé saber que era importante que ellos supieran, pues en algún momento pudiera ser que mi mamá quisiera llegar a la casa o tal vez escaparse y yo iba a necesitar que ellos nos avisaran, así que les di nuestros números de teléfonos y luego de una conversación muy amena nos despedimos.

Cuando regresé a la casa, me encontré con otra escena diferente. Ahora mi mamá estaba feliz y la que estaba en crisis era mi hermana pensando que yo también me había vuelto loca. Así que tratando disimular y haciéndole señas a mi hermana, les conté que había llegado a la casa de Robert, pero él ya no vivía ahí y de pronto mi mamá muy tranquila interrumpe y nos dice: "Entonces ya se mudó a otro lugar, me parece perfecto porque ahí ya no se puede quedar porque lo pueden volver a atacar".

Situaciones como estas, teníamos todos los días. Robert era parte de nuestro diario vivir. En otra ocasión, recuerdo que mi hermana había salido como de costumbre a trabajar y me llamó muy temprano porque necesitaba darle una noticia importante a nuestra mamá. Conociendo a mi hermana, le dije que no, pero ella insistió. Así que caminé hasta la habitación donde dormía nuestra madre, con mi camisa corta y mi ropa interior y muy suavecito para no alterarla, me acosté a su lado.

De pronto, se levantó alterada. Inmediatamente, le dije que tenía a mi hermana en el celular quien quería hablar con ella. Entonces mi hermana aplicó su psicología y en el altavoz del celular le preguntó: "¿Qué haces?". A lo que mi "dulce" madre le contestó con su acostumbrado tono: "¿Qué crees? Durmiendo e inmediatamente mi hermana le dijo: "Solo te llamo para decirte que a tu prima la encontraron muerta después de cuatro días en su casa".

Ya se imaginarán la reacción de mi mamá. Pegó un grito largo: "¿Qué? Y de pronto, lo interrumpió y me miró con esos deseos de pegarme y me dijo: "Beverly, ¿qué haces acostada encima de Robert y casi desnuda?". No había terminado de hablar cuando yo había salido corriendo para encerrarme en mi cuarto. Pasaron solo unos segundos y mi mamá estaba dándole golpes a la puerta. Si me hubiera alcanzado, no hubiera vivido para escribirlo.

Pasaron semanas en las que tenía que cuidarme y cerrar bien la puerta de mi cuarto con seguro, pues de pronto se acordaba y volvía a correrme por estar coqueteando con Robert. Francamente, no sé con quién estaba más molesta si con Robert o con mi hermana. A mi hermana también por tiempo la acusaba de muchas cosas y por semanas también la detestaba, así que había que reírse de estas cosas o terminábamos como mami.

No crean que mi hermano, por estar viviendo en Florida, se libró de Robert. Mi mamá lo llamaba todo el tiempo y lo tenía horas hablándole de su relación y de sus planes con Robert. En una ocasión, yo llamé a mi hermano y bromeando le dije: "¡Oye, desde que tienes dinero no te acuerdas de nosotros!". Sorprendido me preguntó de que estaba hablando y le dije: "Mami me contó que Robert te envió $20,000.00 dólares". Mi hermano riéndose me dijo: "¡Sí, es verdad, casi rompo en pedazos mi computadora!". Sorprendida y confundida, le pregunté qué tenía que ver la computadora con el dinero, a lo que contestó: "Es que mami me dijo que me los envió por email (correo electrónico)". Casi nos morimos de la risa.

Tengo tantas historias de Robert y mami, que puedo hacer un libro solo de ellos dos. No imaginan cuántas veces llegábamos a la iglesia y la misma estaba repleta de personas y no había sillas disponibles. Pero siempre los ujieres, considerando que mi mamá era una persona mayor, nos buscaban sillas, pero a mí me tocaba cederle mi lugar a Robert (recuerden que estaba recién operado) y quedarme de pie. Claro, yo les explicaba a los ujieres, pero ante las demás personas que nos miraban, yo parecía la loca de la familia parada al lado de una silla vacía.

Pasamos momentos graciosos, difíciles, pero también hubo unos de mucho dolor y tristeza. Dentro de la cabeza de mi mamá, la existencia y la relación con Robert era real y completamente "normal". Un día nos llegó la noticia que jamás esperamos, mi mamá y Robert se casaban. Él le había comprado una casa y ella, eufórica, decía que tenía que recoger todas sus cosas para cuando viniera el camión de la mudanza.

Definitivamente, esto cada día se complicaba más. Dentro de la casa de mi hermana había un pequeño apartamento que tenía equipado con su cocina, baño y todas las facilidades y ahí vivía mi mamá. La intención era darle a ella la idea que tenía su privacidad. Lo que no imaginamos es que ella nos pediría cajas para preparar su mudanza. Casi todas las semanas ella empacaba todo y se sentaba a esperar a que llegara Robert con el camión de la mudanza para llevarla a su nueva casa.

Obviamente, al no llegar, ella caía en crisis muy fuertes. Buscando la forma de bajar su nivel de ansiedad, yo le hacía creer que hablaba con Robert por teléfono y eso la hacía tranquilizarse. En los días festivos como Nochebuena, Navidad, despedida de años y su cumpleaños, se vestía muy linda y se paraba en el portón de afuera de la casa por horas a esperar a que Robert llegara, mientras que a nosotros la preocupación y la tristeza nos consumía.

La peor parte me tocó a mí cuando un día me pidió que la llevara a comprar su traje de novia y todo el ajuar para su boda. No había forma que me resistiera, pues de lo contrario se pondría agresiva, así que con el corazón hecho pedazos, la llevé a tiendas donde yo sabía que no encontraría lo que buscaba. Le hacía la promesa de llevarla nuevamente el próximo día porque yo sabía que se le iba a olvidar, aunque días más tarde volviera a recordarlo.

Una mañana desperté con los gritos de ella y cuando abrí la puerta de mi cuarto, estaba ella con un cuchillo apuñalando un cuadro que tenía mi hermana en la sala. Mientras lo hacía pedazos, repetía llena de ira: "Te voy a matar, te voy a matar". Le pregunté qué le pasaba y me miró fijamente con odio y con la intención de ir sobre mí, así que corrí y busqué un cuchillo y comencé a apuñalar también el cuadro y a decirle que tenía razón que había que matarla, mientras con la otra mano marcaba el teléfono de mi hermana y me las ingenié para decirle que llamara a la policía. En minutos, la policía llegó y ella se puso más agresiva, pero esta vez contra mí. Fue un dolor terrible. Pensé que se me reventaría el corazón escuchar cómo me gritaba traicionera, hipócrita, te odio y miles de palabras que prefiero no recordar.

Mi hermana había llegado y se entregaron los papeles de la corte a los policías y luego tuvimos que vivir dolorosa experiencia de ver cómo la policía la esposaba, como si fuera un criminal, y la montaba esposada en la patrulla para llevarla al hospital de salud mental.

Luego de estar admitida por tres días, nos llamaron para informarnos que habían tenido que activar la alerta roja, pues ella había atacado a una enfermera porque estaba "coqueteando y enamorando" a Robert. La tuvieron que aislar y creemos que fue sobremedicada porque al día siguiente le dio un derrame cerebral y varios días después, internada en el hospital, le dieron tres más que la dejaron encamada y sin poder hablar.

Fue un golpe muy duro para toda la familia, ya solo nos quedaba manejar la situación que casi nos destruye, pues afecta y cambia la vida de todos. Irónicamente, los primeros días cuando trataba de hablar lo primero que hacía era preguntar por Robert.

Después de tres años de sufrimientos y procesos difíciles y dolorosos, nuestra madre partió con el Señor el 6 de marzo de 2019.

Este fue uno de los procesos más dolorosos que he tenido que vivir y el cual me golpeó con fuerzas transformando y cambiando mi vida, la cual había planificado para que fuera de una forma una muy diferente.

Desde niña, los trastornos mentales de nuestra madre habían marcado la vida de mis hermanos y la mía y yo pensé que, poniendo distancia entre nosotras, me ayudaría evitar el dolor que me provocaba ver a mi mamá sufrir. Sin embargo, el plan de Dios era otro. Él sabía que había áreas en mi vida y en la de mis hermanos que teníamos que sanar y arreglar y, aunque parezca una locura, tengo que decir que gracias a ese proceso todos nos transformamos en personas muy diferentes.

En lo personal, aprendí a perdonar, a negarme a mí misma, a tener paciencia, a ser comprensiva, a perseverar y sobre todas las cosas, comprendí que, aunque perdamos la capacidad de razonar coherentemente, no podemos dejar de creer y de luchar por nuestros sueños.

El sueño de mi mamá fue encontrar el amor de su vida. Dentro de su mente, creó el hombre de sus sueños y vivió todas las etapas de una pareja enamorada. Ella todos los días vivía con la ilusión de que se mudaría a la casita que Robert le había comprado. La describía con alegría, convicción y con mucho sentido, decía que estaba en el tope una montaña y que en la parte del frente había un hermoso e inmenso árbol de flamboyán con flores rojas y bajo su sombra, un columpio blanco.

Para mi mamá, su sueño se había cumplido, aunque para nosotros fue solo una locura.

En el cielo habrá sorpresas y yo no puedo esperar ver a mi mamá meciéndose en el columpio blanco bajo el hermoso flamboyán.

La locura de entrar en la imaginación de mi mamá me permitió ver la forma en que Dios cumplirá nuestros deseos, aún y a pesar, de nosotros mismos y de lo imposible que parezcan.

El Señor cumple los deseos de quienes le temen; atiende su clamor y los salva. -Salmo 145:19

CAPÍTULO 4

¿De qué color es el agua del mar?

El mar es mi pasión y mi locura descontrolada. Tengo que reconocer que hago todo lo que sea posible por llegar a la playa para mirar el océano, sentir su aroma, escuchar el romper de las olas y disfrutar cuando el viento juega con mis cabellos. Cuando necesito inspirarme o buscar la presencia de Dios, llego hasta donde pueda ver el mar y ahí es donde libero mis cargas y lleno mi espíritu de forma sobrenatural.

Nací en Brooklyn, Nueva York, pero mis padres, puertorriqueños, desde muy pequeña me llevaron a mi hermosa isla de Puerto Rico. De ahí viene mi pasión y admiración por el océano.

Lo que más me impresiona del majestuoso mar, son los incontables, hermosos y perfectos tonos de azul. Sabía que había una explicación lógica y seguramente científica para darle sentido al increíble poder que poseen esos tonos que, combinados, logran cautivar la mirada de todos y han servido de inspiración para toda la humanidad.

Una noche tuve un sueño o tal vez fue una visión, en la cual me encontraba mirando el mar y una voz me preguntaba: "¿De qué color es el agua del mar?". Fue tan real, que desperté como si literalmente estuviera parada justo frente al mar. Pasado un rato, me volví a quedar dormida y tuve la sensación de que alguien se sentaba al pie de mi cama y me preguntaba una y otra vez de qué color es el agua del mar. Desperté en la madrugada, busqué mi iPad y comencé a buscar información sobre el color del agua del mar.

Quedé impactada con toda la información que encontré. Estuve muchos meses en los que pasaba largas horas observando el mar. Iba a diferentes horas y podía ver la transición de colores, según pasaba el día.

Mientras recopilaba información, fue impresionante lo que descubrí. Nosotros diariamente vemos que el agua que servimos en un vaso para beber o con la que nos lavamos las manos, es transparente. Pero esta visión puede resultar contradictoria cuando la comparamos con la de una gran masa de agua color azul y solemos concluir que la vemos azul porque refleja el color del cielo o porque contiene alguna sustancia disuelta que le da ese color. Si embargo, eso no es totalmente cierto. En realidad, el agua es AZUL, aunque no siempre lo percibamos así.

Cuando la luz blanca incide sobre un objeto, este normalmente absorbe solo un conjunto determinado de colores (o, lo que es lo mismo, de frecuencias). El resto, los colores que no absorbe, los transmite, refleja o dispersa. Por ejemplo, si las hojas de un árbol son verdes es porque absorben todos los colores excepto el verde, que es reflejado y es el que finalmente percibimos con nuestros ojos.

En el caso del agua, y considerando solo la parte visible del espectro, esta absorbe principalmente las frecuencias más bajas, que son las asociadas al color rojo y al naranja, mientras que los azules y verdes son transmitidos íntegramente. Por tanto, un rayo de luz que viaja a través de una gran masa de agua queda privado de parte de sus tonos rojos, y será percibido con una tonalidad azul, que es el color complementario del rojo.

¿Por qué vemos transparente el agua en un vaso? Lo que ocurre es que la absorción del rojo por el agua es muy débil, así que para que nuestro ojo sea capaz de percibirla es necesario que el rayo atraviese una distancia en agua suficiente.

Todos hemos visto los distintos colores de azul, verdes, marrones en diferentes cuerpos de aguas, estas tonalidades se perciben dependiendo el ángulo, la distancia y a lo que hay debajo. Si debajo de las aguas hay piedras, arena y algas marrones, el agua tomará esa tonalidad. Si debajo del agua hay corales, entonces la veremos azul turquesa. Si las aguas son profundas, se tornará azul marino casi negro. Del reflejo del cielo en el agua solo tenemos un 2%, quiere decir que no estábamos del todo erróneos, hay algo de color del cielo reflejado en el mar.

Si resumiéramos la explicación científica, vemos el agua transparente cuando está en pocas cantidades. Cuando el agua está en grandes cantidades, entonces podemos observar su verdadero color el cual es azul. Las diferentes tonalidades de azul se deben a lo que hay debajo de las aguas, a la influencia del cielo y de los rayos ultravioletas.

¿No les parece maravilloso? Me imagino que quedaron tan impresionados como yo, pero mi pregunta inmediata a Dios fue: ¿Qué tiene que ver eso conmigo o cuál es el mensaje que Dios desea llevar? No es fácil comprender las señales de Dios o lo que desea que aprendamos, pero en mi caminar a su lado, me atrevería a decir que ya conozco su forma de operar y detrás de toda esta explicación científica hay una enseñanza espiritual para ti y para mí.

Por un tiempo, tuve la oportunidad de vivir muy cerca del mar, lo que me facilitaba verlo todos los días y logré conocerlo un poco mejor. Dejé de verlo solo como parte de la creación, por lo que comencé a considerarlo como si fuera un ser vivo que tiene personalidad, identidad y carácter y cambia de humor tal y como nos pasa a todos nosotros. Sus tonos de azul y su comportamiento cambian de acuerdo con las condiciones del tiempo, a la época del año, las horas del día o por lo que tiene debajo de sus aguas.

Comencé a vivir cerca del mar para la época de verano, así que las marejadas al igual que sus olas son muy bajitas y parecen un enorme cristal. El sonido de las olas cuando rompen es suave y juguetón. Entrada la temporada de otoño, la marea comenzó a subir, hubo momentos que no me atreví a entrar a bañarme, pues las olas median un promedio entre 8 y 9 pies. Desde muy lejos, se puede escuchar la fuerza con la que rompen las olas y el sonido es imponente, provocando respeto y temor.

En una ocasión, se había anunciado un huracán. Ese día corrí a ver cómo estaba aquel, que en los últimos meses se había convertido en mi amigo inseparable. Al llegar, quedé impactada. La marejada había subido hasta cubrir toda la arena, llagaba hasta el área verde de la playa, en varias partes se podían ver los enormes charcos de agua y las algas y caracoles que adornaban toda la orilla. En su furia, el mar había traído pedazos de madera y varias estrellas de mar. Sus inmensas olas parecían querer salirse y arrasar con todo lo que pudieran alcanzar. Tengo que confesarles que me dio pánico pensar que eso sucediera, cosa que es muy probable cuando se vive en una isla. Recordé todos los avisos que hay de camino a la playa que dicen "Peligro, área de Tsunami".

Todo esto confirma lo que anteriormente les decía: el mar posee su propia personalidad y responde de acuerdo con las condiciones que le rodean. Fue precisamente este día de tormenta cuando pude entender cuál era el mensaje que Dios me había dado a través del color de las aguas del mar.

Luego de pasar meses observando y aprendiendo del mar, obligatoriamente tuve que hacerme la pregunta: ¿De qué color soy? No me refiero al color de mi piel o a mi raza, sino al color de mi alma. ¿Qué es lo que realmente reflejo? ¿Cuánta luz recibo y cuanto absuelvo de ella? ¿Acaso proyecto mi color verdadero o lo que hay debajo de mí?

Cuando Dios me susurró al oído aquella pregunta, que fue la que me inspiró a escribir este capítulo "¿De qué color es el agua del mar?", me estaba invitando a revisar mi vida y estoy segura de que hoy tú harás lo mismo.

El mar es alimentado por los ríos, sin embargo, jamás se sacia y es un ciclo que no se detiene. Así es la vida del hombre. Dios nos alimenta constantemente con los fluidos de su compasión y su gracia y jamás nos saciamos. Realmente, ese fue su plan para que creáramos una dependencia única y absoluta de Él.

Nacemos con una personalidad única y somos influenciados desde ese momento por todo lo que nos rodea. ¿Realmente reflejo mi verdadero color o estoy influenciada por lo que he vivido?

Siendo honesta conmigo misma, hubo momentos en mi vida que olvidé mi color original y sé que a ti te ha pasado lo mismo. Son muchas las cosas que nos pasan a diario que transforman nuestro carácter y la forma de ver la vida. Exactamente como le pasa al mar, si se acerca un huracán crece y sus inmensas olas rompen con furia saliéndose de la orilla y entrando a la tierra, ¿no te pasa lo mismo cuando algo inesperado llega a tu vida y te molestas? Te llenas de furia y te sales de tus casillas y estás listo a llevarte todo lo que te encuentras de frente.

No me considero una persona violenta, por lo menos no en esta etapa de mi vida, pero tengo que reconocer que en varias ocasiones he reaccionado como mi amigo el mar. Todos hemos vivido momentos en los cuales nuestras emociones dominan nuestra razón.

Es tan fuerte la influencia de las experiencias en nuestra vida que, sin darnos cuenta, con nuestras actitudes y temperamento, cualquiera puede adivinar y ver quién eres y qué has sufrido o estás sufriendo. ¿Te ha pasado que solo de mirar una persona ya sabes en qué ánimo está? Sus rasgos físicos muestran su estado de ánimo. Por ejemplo, si tiene el ceño fruncido y no sonríe, camina firme como si fuera atacar ya sabes que la persona está molesta (el mar en tiempo de tormenta). Si camina relajado, sonríe y se ve juguetón, sabes que está feliz y de buen ánimo (el mar en verano).

Si la persona quiere pasar desapercibida, está pensativa, no muestra alegría, está sensitiva y todo le afecta (el mar en otoño). Si la persona parece insensible, distante, distraída, y fría en demostrar emociones (el mar en invierno). Claramente, nuestro comportamiento muestra el estado de ánimo en el que nos encontramos, exactamente igual que el mar.

Luego de estudiar sobre el mar y de pasar meses enteros mirando su comportamiento, pude entender que Dios me estaba dando una clase para poder prepararme y poder comprender primero mi reflejo, y luego el de los demás.

A pesar de todas mis experiencias de vida, eso no es suficiente para poder comprender el sufrimiento y el dolor ajeno. Todos procesamos y reaccionamos de diferentes formas ante las cargas emocionales. Sería muy difícil ayudar a las personas a definirse y encontrarse, cuando yo desconocía mi verdadero reflejo. Por otro lado, hablando metafóricamente, para poder descubrir nuestro verdadero color, es importante saber qué es lo que tenemos debajo. Eso que influye en nuestro reflejo, ¿piedras? ¿corales? ¿arena? ¿odio? ¿resentimiento? ¿vergüenza?

Algunas personas pueden decirse a sí mismas que ese dolor está justificado y permanecer en él sin hacerle frente. Otras, en cambio, intentan salir de la situación en la que se encuentran lo antes posible. En palabras más simples, hay quienes ante el dolor tienen una actitud positiva con la cual determinan superarlo y seguir. Hay otras que, en su negación, indignación y molestia, determinan quedarse dentro de la situación y es muy probable que pueden llegar a sufrir trastornos emocionales e incluso hasta perder la cordura y la vida.

Cuando terminé mi investigación sobre el mar y su comportamiento ante los cambios de temporada, las horas y condiciones climáticas, supe que estaba lista para poder ayudar a otras personas a comprender sus propios cambios.

La enfermedad mental y emocional de mi madre, el maltrato sufrido y la violación habían sido mi caja de herramientas. El color del mar me mostró exactamente cómo poder entender lo que muchas veces era imposible ver a simple vista.

En el capítulo anterior hablé de mi desierto y en este hablo del color del mar. Ambos te enseñan que la única forma de llevar tu vida a otro nivel es cuando entiendes y aceptas que hay procesos que tienes que vivir para trabajar esas áreas que necesitas mejorar y desarrollar y las que fortalecen tu fe y tu relación con Dios, para poder cumplir tu propósito y alcanzar el éxito aquí en la tierra y en el cielo.

Este libro lo titulé **Locura con sentido** porque es necesario tener un grado de locura para poder creer que el resultado del dolor es alegría, el de perder es ganar y el fracaso antecede el éxito. Si no determinas ser irracional y mirar más allá de lo que tus ojos pueden ver, jamás alcanzarás tus metas. El agua no es transparente como la ves en un vaso, es azul como la ves en el océano. De la misma manera, tu vida no es como la ves en estos momentos, es mucho más que eso.

Esta gran experiencia de estudiar el mar me confirmó que tenemos mucho en común. Sentarme muchas veces a la orilla de la playa para reír o llorar y otras, simplemente para quedarme en silencio observando su impotente personalidad y fuerza, me ayudaron a definir quién realmente soy y hasta dónde quiero llegar, pero también me capacitó para comprender el comportamiento de los demás.

> *La locura de estudiar el comportamiento del mar me ayudo a descubrir que somos muy parecidos, que como el refleja lo que esta debajo de sus aguas, nosotros lo que está en lo profundo de nuestro corazón.*

Él es quien revela lo profundo y lo escondido; conoce lo que está en tinieblas y la luz mora en él. - Daniel 2:22

CAPÍTULO 5

El reto

Nacemos con un propósito en la tierra y Dios trabajará con cada uno de nosotros para moldearnos a través de diversas experiencias las cuales pueden gustarte o no, pero todas vienen con la intención de prepararnos para cumplir con eficiencia y responsabilidad nuestra misión en la tierra.

Conmigo no fue la excepción. Durante toda mi vida, viví diversas experiencias, unas muy fuertes, dolorosas, sobrenaturales y otras, simplemente maravillosas, pero todas juntas me iban preparando y capacitando para lo que aún no sabía que sería mi propósito.

Siempre los caminos me llevaban a relacionarme o trabajar con personas que estaban en diferentes situaciones complicadas y buscaban de mi consejo. Antes de salir mi libro, Dios me había dado la encomienda de dirigir el grupo de adoración con doce integrantes, entre músicos y adoradores. Todos eran sumamente jóvenes y logré integrarme lo mejor que pude y, sin darme cuenta, me había convertido en su segunda mamá, amiga y confidente, por lo que tuve el privilegio de poder guiarlos tanto en el ámbito personal, como en el espiritual.

Pero esta no fue una experiencia fácil, de hecho, aquí repasando y recordando, tengo que decir que fue un reto muy difícil porque tuve que luchar contra mí misma.

Originalmente, yo pertenecía al grupo de adoración como adoradora (cantante) y un día el director, quien era el pastor de los jóvenes, Joivan Jiménez, muy amigo mío, nos reunió para darnos la maravillosa noticia de que lo habían llamado para trabajar como actor en las producciones de Tyler Perry. Esto requería que estuviera viajando constantemente, así que había nombrado un nuevo director para el grupo. Todos estábamos felices por sus logros y muy emocionados, pero sobre todo muy curiosos por saber quién sería el nuevo director.

Recuerdo que estábamos todos sentados en un saloncito que había en la parte de atrás de la iglesia y yo estaba parada en una esquinita, o sea, no estaba de frente a él. De pronto, luego de su introducción y de crear expectativas y curiosidad, cosa que le encantaba hacer, miró hacia donde yo estaba y con una hermosa sonrisa dijo: "Beverly será la nueva directora de la agrupación y trabajará en conjunto con el director musical, Eli". Yo me quedé fría, sinceramente pensé que se había vuelto loco.

En segundos repasé todas las funciones de él en el grupo. Tenía la habilidad de saber quién estaba fuera de tono apenas abrieras la boca para comenzar a cantar. Si la batería o el piano no entraron en los tiempos que debían, él los hacia comenzar de nuevo. Además, él nos daba ejercicios, preparaba las voces y tenía la capacidad de sacar vocalmente lo mejor de cada persona y eso sin contar que era un cantante de primera, que cuando comenzaba a adorar, las personas inmediatamente se conectaban y entraban a la presencia de Dios.

¡Definitivamente se había vuelto loco! Esa era la única razón por la cual pudo escogerme a mí. Yo no tenía ninguna de esas habilidades, no era músico, era medio sorda, apenas me podía escuchar a mí misma, me perdía en medio de la canción si cambiaban a inglés, además, soy tan despistada, que se me olvidaban las letras y jamás mi voz sonaba como la de él.

Yo no parecía ser la única sorprendida con la noticia y eso hizo que el momento fuera aún más incómodo. En cuanto terminó la reunión, fuimos a su oficina y ya a solas le reclamé y le dije que se había vuelto loco, que yo no estaba preparada, ni capacitada, no tenía el talento para ocupar semejante posición y mientras yo estaba en una crisis, él con una paz increíble y riéndose me dijo: "Te escogió Dios, no fui yo y él te dará todo lo que necesitas para salir adelante". Aunque en ese momento lo que quería era caerle encima a golpes, definitivamente una vez más él tenía razón.

En este proceso, lloré miles de veces, me sentí frustrada, incompetente, muchas veces hasta humillada pues la comparación con Pastor Joivan era constante y muy dolorosa, pero tengo que reconocer que al final del camino yo había logrado muchas cosas. Entre ellas superé el temor y me deleitaba dando lo mejor de mí, pues adoraba en espíritu y verdad. Aprendí a depender de Dios y a entender que a él le place escoger personas que no parecen dar el grado para manifestar su gloria y convertir algo imposible en un milagro.

Luego de haber cumplido la misión con el grupo de adoración, el Pastor Joivan me recomendó para la posición de directora de jóvenes adultos del área suroeste del estado de la Florida para dar apoyo a más de quince iglesias y esta tampoco fue una tarea fácil. Sin embargo, esta me encaminó y me dirigió al área de consejería y esto sí me encantaba.

Pero no todo era color de rosas. Sin darme cuenta, había entrado a un campo muy competitivo y el cual requiere de mucha preparación, compromiso, disciplina, empatía, paciencia, fe y, sobre todo, mucho amor.

Como regla general, tanto la consejería cristiana como la secular comparten el mismo deseo de ayudar a la gente a superar problemas, encontrar significado y alegría a la vida y a convertirse en personas sanas y bien adaptadas, mental y emocionalmente. La parte más importante en la consejería cristiana es resolver problemas y sanar conflictos entre las personas y encaminarlos en su fe y confianza en el Creador.

Pero detrás de ese buen deseo y compromiso de amor de ayudar a las personas, existe un riesgo muy peligroso para el consejero y es que, aunque lo trates de evitar, conlleva una carga emocional. Si no logras canalizarla correctamente, puede drenarte y terminar afectándote, por lo que se requiere mucha preparación sobre todo en la parte espiritual. Yo reconozco que en mis comienzos cometí algunos errores que pusieron a prueba mi misión y mi anhelo por lo que definitivamente se había convertido en mi propósito.

Una de mis primeras experiencias fue con un caso de crisis matrimonial y esa no era un área en la cual me sintiera realmente preparada, pero inexplicablemente llegó a mis manos y acepté el reto.

Tenía una amiga que sabía que yo daba consejería, así que me llamó para pedirme que ayudara a una persona que estaba pasando por una situación delicada en su matrimonio y me dio su número de teléfono para que la llamara. Esta persona estaba buscando desesperadamente un psicólogo y no había logrado conseguir a nadie en el área donde vivía.

Obviamente yo no era psicóloga, pero sentí que de alguna manera pudiera darle esos primeros auxilios en lo que ella encontraba la ayuda que estaba buscando, así que la llamé.

La mujer contestó la llamada y se escuchaba tímida y temerosa, pero después de unos minutos de conversación, se sintió confiada y entonces comenzó a contarme detalladamente su situación. Definitivamente, era una muy delicada y preocupante porque su esposo era un hombre fuerte, agresivo y por lo que pude percibir, una persona muy controladora y el problema era que él reconocía que necesitaba ayuda, pero solo hablaría con un psicólogo ya que no quería contacto con nadie que viniera de una iglesia.

Claramente, yo no era esa persona que ella necesitaba, sin embargo, considerando la crisis en la que se encontraban, acepté conocer al esposo y tratar de dialogar con él, así que acordamos que al día siguiente yo pasaría por su casa.

Yo tengo un gran problema que aún a esta edad no he logrado superar y es que a todo le digo que sí. No importa el reto o las consecuencias, siempre digo que sí y luego me estoy volviendo loca preguntándome: ¿Qué hice? ¿Por qué acepte? Y este caso no fue la excepción.

Llegué a la dirección indicada y una vez frente a la casa aún dentro de mi carro, comencé a orar y a pedirle al Espíritu Santo que no me soltara ni me dejara sola en el lío que me había metido. Luego de mi profunda oración, me bajé del auto y me dirigí hasta la puerta y les confieso que tenía deseos de regresar e inventarme alguna excusa, pero me negué a mí misma y dije: ¡Dios está conmigo, no hay por qué temer!

Toqué a la puerta y la mujer me abrió y con una mirada de preocupación me invitó a entrar y me presentó a su esposo, quien estaba sentado en el sofá de la sala visiblemente incómodo. Una vez ella nos presentó le estreché la mano cordialmente, me senté y él inmediatamente le dijo a ella que por favor se fuera a dar un paseo con los niños, pues él quería hablar a solas conmigo.

Definitivamente, yo había roto todas las reglas. Primero visité su hogar, segundo me quedé sola con el caballero en la casa y tercero, él pensaba que yo era una psicóloga y sabrán que en esos momentos ni loca le iba a decir lo contrario.

Una vez nos quedamos solos, le dejé saber que estaba allí para escucharlo y que todo lo que habláramos se quedaría entre nosotros y luego lo invité abrir su corazón. De pronto, aquel hombre comenzó a hablar de todo lo que indudablemente necesitaba sacar de su sistema. Aquella impresión que yo tenía del hombre rudo, dominante, controlador había cambiado: estaba frente a una persona asustada y buscando desesperadamente dirección.

Entre todo lo que hablamos, me contó sobre su adicción al alcohol y de cómo había destruido su primer matrimonio e hijos y que, a pesar de que por su salud llevaba años sin tomar, siempre que iba al supermercado cuando pasaba por el área de los licores, le pasaba la mano por encima como cuando abrazas con pasión a una mujer, con deseo de volver a ingerir lo que para él era un preciado líquido que lo "ayudaba" a olvidar el dolor.

Yo había escuchado en silencio todo su sentir y luego de esta confesión le explique que usaría un ejemplo un poco fuerte, pero era necesario que él entendiera el mensaje. Le dije que imaginara que de pronto tocaban a la puerta y cuando él abre descubre que le dejaron a su hijita descuartizada frente a su casa y que el criminal luego es atrapado por la policía.

Él se me quedó mirando fijamente como cuando alguien desesperadamente necesita de lo que vas a decir, así que continué mi mensaje. También, imagina que luego de salir todas las fotos del asesino de tu hija en la prensa, tú escoges una y le sacas muchas copias y las pegas en esta pared (me puse de pie y me acerqué a la pared que había de fondo). Una vez están todas pegadas, visualízate pasando tu mano por encima de ellas repitiendo una y otra vez: ¡Qué rico! ¡Qué maravilloso, cómo me gusta, cómo te extraño! No había terminado de hablar cuando él me interrumpió abruptamente y me preguntó: "¿Qué haces? ¿Por qué me dices eso?" Se podían ver sus ojos rojos llenos de lágrimas.

Luego de unos segundos le dije: "El alcohol destrozó a tu familia, la dejó en pedazos ante ti, me parece terrible que sigas deseando y añorando volver a beber". Luego de unos momentos muy emotivos e intensos, hablamos de todo lo que aún podía hacer para reestablecer su relación con su esposa y sus hijos. Entonces, ya lista para salir, aquel hombre me preguntó: "¿Quién eres?" Y con una paz inmensa le contesté, que no era psicóloga, que era alguien que Dios envió para hablarle y dejarle saber cuánto Él lo ama.

Tengo que decir que fue hermoso recibir las palabras de agradecimiento de aquel hombre y ver cómo el ambiente era totalmente opuesto al que había encontrado. Me despedí de él y de su esposa, quien había llegado y había quedado totalmente sorprendida. Caminé lo más rápido que pude hasta mi carro, pues tenía muchos deseos de llorar. No puedo explicar en palabras todo lo que tenía en mi corazón. Seguramente, la preocupación de haber roto todas las reglas, de haberme arriesgado y de ver un resultado maravilloso, fue lo que provocó aquello que sentía que me apretaba el pecho.

Unas horas más tarde, recibí un mensaje de texto en el cual aquella mujer me preguntaba que yo le había dicho a su esposo, pues él había cambiado. Obviamente, no le dije lo que habíamos hablado, pero le pedí verla a ellas a solas y al día siguiente nos encontramos y la historia volvió a repetirse. Ella abrió su corazón y sacó todo lo que llevaba por tiempo tratando de canalizar y entender, se quebrantó y luego de aconsejarla, la invité a orar y puse mis manos sobre ella y pude percibir el sufrimiento y el dolor que ella tenía. El Espíritu Santo se manifestó de forma sobrenatural sobre aquella mujer que determinó no rendirse y perseverar en su matrimonio y sobre todo, buscar una intimidad con Dios.

Cuando salí de su casa, volví a sentir aquella presión en el pecho que apenas me permitía respirar y muchos deseos de llorar y no sabía si era de alegría o de tristeza. Ese día llegué a la casa, me cambié de ropa y salir a correr. Yo vivía en un campo donde había muchas fincas con hermosos caballos en Anthony, Florida. Las veredas eran de arena y quedaban entre las fincas, así que correr por aquella área era una experiencia subliminal.

Después de unos minutos corriendo, me sentí peor. Tuve que detenerme, pues tenía deseos de vomitar y sabía que necesitaba hablar con alguien inmediatamente que me ayudara a entender lo que me estaba pasando, así que llamé a un amigo en Puerto Rico que era cristiano y anciano de una iglesia. Una vez contestó, le conté entre lágrimas lo que había pasado y cómo me sentía y luego de escucharme pacientemente, me dijo: "Beverly, has cruzado la línea y has permitido que los sufrimientos y problemas de ellos te afecten de forma personal. Te has sobrecargado emocionalmente.

Luego de alguna hora y media de conversación, mientras yo me mantenía caminando entre aquellas veredas, oramos y me quebranté. Clamé y entonces pude dar gracias al Padre Celestial, pues logré sentir su paz.

Esta experiencia me había enseñado que Dios nos creó como seres pensantes y sensibles y todo lo que esté pasando por nuestros pensamientos, se va a reflejar en nuestro cuerpo.

Hay una conexión invisible entre nuestra mente y nuestro cuerpo. Este proceso ocurre de forma casi instantánea y la respuesta de tu cuerpo a menudo es proporcional a la fuerza de tus pensamientos o emociones. Nuestro estado emocional, sea cual sea, se manifiesta en nuestro cuerpo.

Pasaron algunas semanas, y me encontraba en la iglesia dirigiendo la adoración. A lo lejos vi que entraba una familia, la cual captó mi atención ya que el papá levantó la mano y parecía que me estaba saludando, así que hice un esfuerzo para poder ver quién era porque estaba bastante oscuro. Sí, era aquel hombre rudo y el que no quería saber de la iglesia y estaba acompañado por su hermosa esposa y sus hijos. Las emociones casi me dominaron, pues pensé que no podría seguir cantando por tanta felicidad y agradecimiento. Una vez terminada la iglesia, corrí a abrazarlos y agradecerles por tan hermosa sorpresa.

El reto más grande que tenemos en la vida somos nosotros mismos. De igual forma, el obstáculo más grande eres tú mismo. Somos los únicos responsables de alcanzar el éxito o fracasar. Arriesgarse siempre será un desafío que es necesario tomar si deseas cumplir tus sueños y ganar.

Definitivamente, Dios es un maestro muy particular. No te muestra tus capacidades, sino te enseña a descubrirlas, que son dos cosas muy diferentes. Lo más increíble es que siempre logra su propósito.

La locura de aceptar retos para los que sabía que no estaba lista me mostraron que Dios tiene una forma peculiar de enseñarnos y llevarnos a descubrir la capacidad con las que nos doto.

El Señor dice: Yo te instruiré, yo te mostraré el camino que debes seguir; yo te daré consejos y velaré por ti. - Salmo 32: 8

CAPÍTULO 6

Sembrar un árbol, tener hijos, escribir un libro

Como parte de la promoción de una obra literaria, el escritor acostumbra a hacer presentaciones personales en las librerías o en eventos especiales. Esto le da la oportunidad al autor de interactuar con el público, además le permite compartir detalles de la obra que seguramente no se encontrarán escritas en el libro.

Cuando estuve trabajando con la promoción de mi primer libro, **El Grito**, me gustaba al final y antes de ir a la firma de los ejemplares, darle la oportunidad al público de hacer preguntas.

Un día me encontraba dando una charla en una famosa librería en Puerto Rico y, al final, cuando invité al público para hacer las preguntas, me sorprendió que una de mis mejores amigas levantara su mano. Traté de ignorarla y seguí preguntando, pero nadie levantó la mano. Todos reían porque sabían que estaba tratando de evitar a mi amiga. ¿Para qué levantó la mano? Ella conocía mi vida entera y además iba a cada presentación, sabía que tenía que ser una broma.

A pesar de mi insistencia, nadie levantó la mano, así que tuve que permitir sin alternativa que me hiciera su pregunta. Ella, con su acostumbrada sonrisa hermosa y peculiar, me preguntó: "¿Cuándo vas a sembrar un árbol?" Quedé fría ante aquella pregunta que no tenía ninguna relación con mi libro.

Con palabras entrecortadas y con una mirada que claramente le dejaba entender que me estaba poniendo en una situación incómoda, le contesté sutilmente y le dije: "Supongo que algún día". Ella comenzó a reírse como el resto del público y me dijo: "José Martí, pensador y escritor cubano, dijo que una persona, para sentirse plena y completa en la vida, debe plantar un árbol, tener un hijo y escribir un libro. Tú ya tienes hijos y escribiste un libro, así que te falta plantar un árbol". Todos comenzamos a reír y dije: "Pues definitivamente tengo que plantar un árbol".

Sabrán que luego de la presentación casi la golpeo y entre risas, todos lo tomamos como una broma. Jamás me pasó por la cabeza plantar un árbol, además, no estaba de acuerdo con el Señor Martí, una persona no se define en esta tierra por plantar un árbol, tener hijos o escribir un libro, eso me pareció absurdo.

Semanas después, tuvimos una presentación en otra librería reconocida de la isla. Entre el público se encontraba como siempre mi grupo de amistades, quienes me acompañaban para apoyarme, además de ser una buena excusa para juntarnos. Ese día, luego de la presentación, volví a invitar al público hacer preguntas. Y no lo van a creer... mi amiga volvió a levantar la mano. Definitivamente, yo sabía que volvería hacer otra pregunta para la cual seguramente yo tampoco tendría una respuesta. Todos reían, pues yo insistía en que alguien más preguntara sin éxito, así que otra vez le tuve que permitir hacer su pregunta.

Esta vez fue peor que la primera. Me pidió que le permitiera pasar al frente, así que ante tal situación y sin alternativa, le dije: "¡Claro que puedes venir al frente!" Mis amigos no podían dejar de reír y el público tampoco. De pronto, ella sacó una bolsa de regalo, que claramente venía a entregarme. Quedé sin palabras ante tan hermoso detalle. Entonces, ella comenzó a hablar y dijo: "En la presentación anterior te pregunté cuándo plantarías un árbol y sé que no esperabas esa pregunta. En esta ocasión vengo a traerte el árbol para que lo plantes y completes tu misión en la tierra".

Entre abrazos, aplausos y lágrimas tengo que decir que ha sido la mejor presentación que he tenido. Ver este detalle de parte de esta persona tan especial en mi vida, fue maravilloso. Inmediatamente, se hicieron los arreglos para plantar el árbol y se coordinó para hacerlo en la academia donde habíamos estudiado y nos habíamos conocido desde niñas.

Tengo que ser sincera: para mí era algo extremo. Realmente, no me sentía digna de tal ceremonia, por otro lado, lo que me tenía definitivamente desconcertada era que yo NO creía de ninguna manera lo que el señor Martí había declarado. Ni el árbol, ni los hijos y menos un libro determinaban si la existencia del hombre fue plena en la tierra.

Mientras más se acercaba el día para la siembra del árbol, peor me sentía. Una y otra vez le oraba a Dios para que me diera las palabras correctas para no ofender a mi amiga y a todos los que estaban trabajando en el evento, pero Dios estaba en completo silencio.

Llegó el tan esperado día. Desperté sumamente desanimada, con deseos de cancelar la actividad. Antes de tomar la decisión, me arrodillé a orar y entonces fue cuando Dios comenzó a revelarme lo que el señor Martí había querido decir y en ese momento todo tenía sentido para mí. Inmediatamente, me incorporé y me preparé con un entusiasmo increíble. Estaba desesperada por llegar y contarles a todos lo que Dios me había revelado.

Fue de mucha emoción llegar a la academia donde había vivido tantas experiencias hermosas. Estar de regreso en aquel lugar después de treinta y tres años junto a mis amigas de toda la vida, fue un momento sumamente emotivo. No habían asistido muchas personas, pero estaban las indicadas. Cuando llegó el momento de decir unas palabras, comencé a agradecer por el privilegio que tenía de sembrar un árbol en la academia donde las había conocido y juntas habíamos escrito una historia. También, agradecí a los otros invitados que también eran muy importantes en mi vida.

Luego, les dejé saber lo difícil que se me había hecho prepararme esa semana para decir unas palabras, ya que no me sentía digna de tal acto. Además, por más que trataba de entender la declaración del escritor José Martí, no tenían sentido para mí. Entonces, les conté que después de varios días de oración, ese día en la mañana antes del evento Dios me había revelado a lo que el señor Martí se refería:

- **Sembrar un árbol- Representa dar FRUTOS-** La Biblia habla claramente de lo importante que es dar frutos. En una ocasión, Jesús maldice la higuera por no dar frutos (Mateo 21: 18-19). En otra ocasión dijo: "Por sus frutos los conoceréis" (Mateo 7:15), así, que definitivamente la esencia del hombre en esta tierra se reconoce por sus frutos. Los frutos son el resultado de lo que llevamos en el corazón y el señor Martí no se refería seguramente al término espiritual, sino a la buena voluntad del hombre que permite hacer cosas buenas que alimenten el corazón de la humanidad para crear una sociedad justa y noble y así hacer de nuestro tiempo de vida en la tierra uno digno y fructífero.

- **Tener hijos- Representa MULTIPLICACIÓN**- No podemos tomar la palabra literal y decir que si no tienes hijos no has vivido una vida plena. Hay personas que no han podido tener hijos y eso no significa que no se hayan multiplicado. A lo que se refería el señor Martí era a que no podemos conformarnos, tenemos que esforzarnos para dejar un legado en la tierra. Dios nos hizo a imagen y semejanza de él, quiere decir que nosotros fuimos creados con la capacidad de multiplicar y diversificarnos de muchas formas y diversas áreas de nuestra vida.

- **Escribir un libro- Significa TRASCENDER**- Seguramente, es muy difícil o imposible llegar personalmente a cada rincón del mundo para llevar un mensaje o sembrar una semilla. A través de un libro, podemos trascender y llegar a todas partes y perdurar. No podemos tomar estas palabras de forma literal, porque tal vez no te guste la escritura, sin embargo, tu historia puede trascender. Todos los días el hombre tiene la oportunidad de inspirar a otros con su ejemplo y su historia puede llegar a lugares que nunca imaginó dentro del corazón de los que le conocieron. Hubo personas que jamás escribieron un libro, aunque los recordamos y somos inspirados por el ejemplo que dejaron cuando estuvieron en esta tierra. Jesús fue el más importante. De hecho, en la lista de los hombres de la historia que más influencia tuvieron en la humanidad, Jesús es el número uno.

Luego de aquellas palabras, comencé a orar y todos sentimos esa suave brisa que nos acariciaba para dejarnos saber que Dios estaba allí. Mi amada amiga y hermana seguramente no tenía idea de lo que aquella enseñanza había provocado en mi vida.

Mi responsabilidad iba más allá de lo que jamás imaginé. No se trataba de escribir un libro y dar promoción, era mucho más que eso: debía dar frutos, multiplicarme y trascender. Esa hermosa tarde sembré mi arbolito

"Ficus" junto a personas muy especiales en mi vida y desde ese entonces mi enfoque en la vida cambió.

> *La locura de perseverar en la oración, aun cuando parecía que Dios quería estar en silencio, me llevó a recibir la sabiduría en el momento perfecto para entender lo que parecía no tener lógica ni sentido.*

Porque el Señor da la sabiduría; conocimiento y ciencia brotan de sus labios. -Proverbios 2:6

Le dedico este capítulo a la Sra. Ivonne Pomales, una persona muy especial con el corazón de Jesús, quien fue clave en todo el proceso para lograr sembrar el árbol "Ficus" en los predios de mi alma mater AAM. ¡Gracias, Ivonne!

CAPÍTULO 7

Párate para levantarte

Mi abuelo materno era un hombre sencillo con un carácter muy jocoso y alegre, pues siempre estaba haciendo bromas. Cuando yo era una niña, recuerdo que estaba jugando y corriendo de un lado para otro y él en varias ocasiones me había advertido que, si no me detenía, me podía golpear. Efectivamente, me tropecé, me caí y quedé tendida en el piso mientras lloraba.

Mi abuelo no fue a ayudarme, solo interrumpió mi llanto para decirme: "Párate para levantarte". Mientras lloraba a gritos, me puse de pie y fui hasta donde él estaba. Siempre recordaba aquella caída y me parecía algo tonto lo que él me había dicho, sin embargo, con los años aquellas palabras comenzaron a tener sentido en mi vida.

Tiempo después de mi libro salir, mi compromiso, dinamismo y deseos de servir trajo un nuevo anhelo a mi corazón y empecé a trabajar con diferentes organizaciones que les den apoyo a mujeres víctimas de la violencia en todas sus manifestaciones. Esta exposición con la cual me identificaba perfectamente me llevó a capacitarme formalmente en el tema. Además, el 2 de febrero del 2016 concluí mis estudios como Ministro Capellán, recibiendo las credenciales del Gobierno de Puerto Rico.

Uno de los logros más significativos fue aceptar la encomienda realizada por el Departamento de Salud y Bienestar del Municipio Autónomo de Ponce, quien me escogió para apadrinar el grupo de apoyo "Alma Guerrera" adscrito al Programa Esperanza Para La Familia el cual se dedica a proveer servicios directos a víctimas de violencia doméstica a quince municipios adyacentes a la ciudad Señorial de Ponce.

Además, comencé a trabajar casos que me han llegado directo de niñas, mujeres y hasta hombres que han sufrido por este terrible mal que está destruyendo la humanidad.

Digo que está destruyendo literalmente, ya que, si un niño es maltratado en algún aspecto y este no recibe la ayuda necesaria, llegará a su adultez convertido en un problema. Está comprobado que, en la mayoría de los casos, pasan de víctimas a ser agresores y así sucesivamente. Es una cadena de maltrato que parece no tener fin, sin embargo, no todos los casos resultan igual. Algunas personas hemos logrado superarlo y luchamos incansablemente para ayudar a otros para que hagan lo mismo.

De todos los casos que he trabajado, hubo tres que confirman cómo el maltrato en los niños marca sus vidas para siempre. Estas historias impactaron mi vida y sé que también impactarán la tuya.

Caso #1

Una de las experiencias más increíbles que he vivido es haber hecho promoción del libro en la televisión. La primera vez fui a un programa muy famoso en uno de los canales más importantes de televisión en la isla de Puerto Rico.

Luego de la entrevista, se mostraba en pantalla mi teléfono para que toda persona que necesitara ayuda pudiera comunicarse. De igual forma, se mostraba mi enlace para "Facebook".

Al salir del programa, ya tenía mi teléfono y "Facebook" lleno de mensajes, pero hubo un caso en particular que me llamó mucho la atención. Recibí un mensaje de una mujer que se había identificado con mi violación sexual, ya que ella había sido violada por su hermano mayor.

Luego de intercambiar varios mensajes, nos comunicamos por teléfono. Su historia era muy fuerte y definitivamente había marcado su vida y visiblemente su pasado seguía impactando su presente. Su hermano llevaba viviendo varios años en el estado de Florida y ella no tenía comunicación con él. En nuestra conversación, hablamos de muchas cosas, pero la más importante y difícil para ella fue el tema del perdón. Ella se comprometió a reflexionar sobre lo que hablamos, luego oramos y nos despedimos.

Al día siguiente, estaba presentando mi libro en un evento privado. Ese día estaba muy complicado, pues luego de la presentación tenía el tiempo exacto para devolver el auto alquilado y seguir al aeropuerto para tomar el vuelo que me llevaría de regreso a Florida.

Cuando estaba en el evento, recibí un mensaje de texto de la mujer, quien estaba desesperada porque después de tantos años, su hermano sorpresivamente le había escrito para pedirle perdón y quería saber si ella estaba dispuesta a perdonarlo.

Ella no sabía qué responder y estaba totalmente bloqueada, confundida y, en medio de su crisis, quería que yo la llamara y la ayudara a enfrentar a su hermano. Era comprensible su reacción, pues aquel hermano le había robado su inocencia y la había maltratado emocionalmente desde niña. Ella le tenía temor, mucho resentimiento y no quería ningún contacto con él.

Como en esos momentos yo estaba ocupada y luego me esperaba el viaje, le dejé saber que una vez llegara a Florida me comunicaría con ella.

El día había sido muy intenso, el viaje me pareció eterno y luego tuve que manejar en la noche una hora y media para llegar a mi casa. Cuando llegué, apenas crucé palabras con mi hijo, me di un baño y, aunque miré el mensaje con la intención de llamar, decidí dejarlo para el siguiente día, pues estaba agotada y cansada.

En la mañana, cuando desperté, tenía muchas llamadas perdidas y mensajes de texto de aquella mujer. Me asustó su insistencia y, medio dormida, la llamé sin haber leído sus mensajes. Ella contestó inmediatamente y apenas podía entender lo que, entre llanto y gritos, me decía. Traté de calmarla y bajar su nivel de ansiedad para poder entenderla. Pasaron unos minutos y luego de un gran esfuerzo por controlar sus emociones, me dijo: "Mi hermano se mató anoche en un accidente de auto y yo no alcancé a decirle que lo perdonaba".

Me quede fría, sin poder decir ni una sola palabra. Miles de pensamientos me corrieron por la cabeza en segundos. Me sentí culpable y responsable por mi negligencia. Era la primera vez en mi vida que algo así me ocurría. Pasamos horas en el teléfono hasta que ella logró comprender que lo importante era que Dios conocía las intenciones de su corazón y él sabía que ella lo había perdonado.

Aquella mujer había dejado atrás el temor, pues el hermano ya había muerto. También, quedó atrás el sentimiento de culpabilidad porque entendió que Dios conocía sus deseos de perdonar a su hermano. Sin embargo, las cicatrices quedarían marcadas para siempre en su corazón, solo su determinación para levantarse y caminar de la mano de Jesús, la sacarían adelante. Por mi parte, puedo garantizarles que fue una lección muy bien aprendida.

Caso #2

En otra ocasión, tuve la oportunidad de hacer varios programas de radio, también en una de las emisoras más importantes de la isla. Al salir del programa de radio, recibí el mensaje de una madre quien me pedía ayuda para su hija quien había sido violada a los quince años. Ella había escuchado mi testimonio y entendía que yo la podía ayudar.

Cuando me comuniqué con ella, me contó que después de aquella violación su hija vivía medicada y casi todas las semanas visitaba el hospital mental. Habían pasado tres años y aunque su hija siempre había sido una niña diferente, callada y encerrada, en esta ocasión su comportamiento era peor. Parecía odiar el mundo en el que vivía.

Después un largo rato de conversación, acordamos que ella iría el próximo día a una presentación que yo tenía de mi libro y luego yo invitaría a su hija a tomarse un café.

Al otro día, mientras estaba dando la presentación, la señora llegó con su hija. No fue difícil identificarlas, pues la actitud y comportamiento de la joven eran evidentes.

Una vez terminada la presentación, ellas compraron un libro y se acercaron para que se los dedicara. Así que aproveché el momento para preguntarles si les había gustado y la mamá contestó en afirmativo, mientras que su hija solo bajó la cabeza. Miré a la joven con insistencia y le volví a preguntar si le había gustado, a lo que tímidamente susurro que sí.

Aproveché ese momento para invitarlas a tomar un café al día siguiente, pues yo quería que me contara que le había parecido mi presentación. Ella, como era de esperarse, estaba sorprendida, aun así, acepto mi invitación.

Como de costumbre, desperté al otro día muy temprano y oré para que Dios tocara el corazón de aquella joven y me diera el discernimiento y el entendimiento para poder ayudarla.

Llegué a la hora indicada al restaurante y unos minutos después, ella llegó. Tenía puesto un "jacket" con cubrecabeza (hoodie) y muy tímida me saludó. Ordenamos unos cafés fríos y nos sentamos a la mesa. Sin perder el tiempo, le pregunté qué le había pasado, pues su respuesta del día anterior me dio a entender que algo no estaba bien.

Ella se veía algo incomoda, así que le dejé saber que ella era una persona adulta y lo que habláramos quedaría entre nosotras, siempre y cuando no estuviera su vida en peligro.

Después de unos minutos en silencio, los cuales aproveché para orar en mi mente, comenzó a hablar y me dijo que la habían violado cuando ella tenía quince años. Obviamente, me hice la sorprendida y entonces comenzó a narrarme, según ella misma describió, su peor pesadilla.

Ella cuenta que había ido a una fiesta de la escuela en una casa de una amiga. De pronto, se percató de que había un muchacho mayor que ella que la estaba mirando fijamente y que no pertenecía a su clase, ni tampoco parecía ser alguien conocido por los demás, de todas formas, era muy guapo y le pareció lindo que la estuviera mirando.

Después de varios intercambios de miradas, él se le acercó y comenzaron a hablar. Habían estado hablando por aproximadamente media hora cuando él le preguntó si podía acompañarlo a estacionar su vehículo, pues lo había dejado bloqueando la entrada y ella, sin pensarlo, aceptó.

Cuando llegaron al auto, se montaron y él comenzó a manejar y a alejarse de la fiesta. Ella se sintió incómoda y él le dijo que no se asustara, pues la llevaría de regreso a la fiesta después. De pronto, se desvió del camino y entró a una calle oscura y deshabitada, fue entonces cuando ella supo que estaba en problemas.

Trató de bajarse del carro, pero él la detuvo y, sin perder el tiempo, la golpeó una y otra vez hasta casi dejarla inconsciente y luego la violó brutalmente. Según ella explica, lo peor no fue la violación o los golpes, sino que, de regreso a la fiesta, se detuvo frente a la casa, abrió la puerta del carro y desde adentro la empujó brutalmente hacia fuera dejándola tirada en el suelo frente a todos sus amigos.

Cuando ella terminó su relato, yo sentía que mi corazón iba a saltar fuera del pecho. Ella no lloró, pero su desespero, frustración y su odio hacia esa experiencia iban más allá de lo que yo pueda contarles.

Luego de unos minutos en silencio, sentí esa voz en mi interior que nosotros los cristianos llamamos Espíritu Santo, la cual me dejó saber que había algo más. Así que interrumpí el silencio y le pregunté: "¿Por qué ahora no me cuentas toda la verdad?"

Se me quedó mirando fijamente a los ojos, luego se puso el cubrecabeza y se inclinó sobre la mesa, entonces la escuché llorar. Cuando levantó la cabeza me dijo: "¡Sáqueme de este infierno!"

Le respondí que, si no me contaba la verdad, no podría ayudarla. Bañada en lágrimas con un dolor que solo alguien que haya vivido una experiencia así puede entender, comenzó a relatarme que su mamá trabajaba mucho y que desde que ella cursaba el primer grado, cuando tenía apenas siete años, tenía que quedarse después de clases en la escuela en cuidado extendido.

Una vez llegaba al salón de cuidado extendido junto con otros cinco niños, la maestra, por "seguridad", cerraba la puerta. Después de cerrar la puerta, había reglas muy estrictas, nadie podía abrir la puerta o hablar. Tenían que quitarse la ropa y hacer todo lo que la maestra les decía sin argumentar o protestar. Los niños debían tener sexo entre ellos mismos y luego "jugar" con la maestra.

La maestra les tomaba fotos, videos y muchas veces tenían invitados especiales hombres y mujeres quienes también tenían sexo con ellos. Por cuatro años, ella y sus amigos sufrieron sin poder decir nada a nadie porque estaban amenazados.

Apenas podía continuar hablando, ya que estaba ahogada por el llanto. Me confesó que desde ese entonces tenía terribles pesadillas, ataques de pánico y deseos de quitarse la vida. Sentía que odiaba a la humanidad, pero lo peor de todo era el pánico y el miedo que tenía de contar la verdad. Ni siquiera sus psiquiatras, psicólogos, nadie sabía de esta terrible experiencia.

Totalmente desconsolada, me preguntó: "¿Por qué yo tuve que vivir esa pesadilla de niña y luego a los quince años vuelvo a ser brutalmente violada y avergonzada? ¿Hice algo malo para merecer este castigo? ¿Cómo me hablas de que Dios es amor cuando él ha permitido que mi vida sea un infierno?" Estas fueron algunas de las preguntas que esta joven, entre llanto desesperado y sin consuelo, me hacía.

En ese momento fui yo la que necesité quedarme en silencio unos minutos en lo que Dios me daba la fortaleza y las palabras para poder contestarle. Fue difícil contener las lágrimas y mantenerme fuerte ante aquella terrible confesión.

Yo no tengo tus respuestas le dije, pero sí tengo las contestaciones de mis preguntas. Yo también le había reclamado a Dios por mi violación. En aquel entonces yo era abuela, predicaba y ministraba a miles de jóvenes y de pronto fui brutalmente violada. Yo tenía muchas preguntas en aquel entonces y Dios no me había contestado, pero el tiempo pasó y hoy tengo las respuestas.

Era necesaria mi violación para hoy yo poder estar a tu lado. Era necesario para que yo pudiera entender tu dolor. Mi violación me llevó a escribir un libro que está siendo leído alrededor del mundo y ha ayudado a miles de personas que como tú y yo habían sufrido maltrato y violación. Quiero que sepas que te parecerá una locura, pero valió la pena. Solo por ti valió la pena haber vivido tan dolorosa experiencia.

Sé que algún día seré yo la que llegue a la presentación de tu libro. Sé que desde hoy vas a salir de aquí con una visión diferente y con la determinación de utilizar tus experiencias como herramientas para construir tus sueños como lo hice yo. Nosotras no somos menos, somos más. Seres marcados y procesados por el fuego con la capacidad de entender el dolor como muchos no pueden hacerlo. No viviste esas experiencias para quedarte tirada en el suelo, sino para tener la oportunidad de levantarte.

Luego de pasar horas ministrando aquella joven, nos despedimos con el compromiso de que yo llegaría para la presentación de su libro. Nunca más la volví a ver, pero sé que aquella joven había salido con el pensamiento renovado, dispuesta a luchar por sus metas y comenzar a vivir.

Aunque insistí para que me dijera el nombre de la maestra, se rehusó y es comprensible. El muchacho que abusó de ella a los quince años tuvo que enfrentar el peso de la ley.

Terminada nuestra reunión, me comuniqué con su mamá y aunque no compartí lo que hablamos, le pedí que estuviera muy cerca de su hija y observara si daba algunas señales de depresión severa, pues podía atentar contra su vida.

Días después, recibí un mensaje de su mamá dándome las gracias, pues su hija estaba cambiando. Aunque ella no le había contado lo que habíamos hablado, lo que haya sido había provocado cambios positivos en su vida.

Me siento honrada de que aquella joven me hubiera confesado su experiencia, sin embargo, tengo que reconocer que este caso me dobló las rodillas. Por muchos meses tuve en mi cabeza día y noche aquella historia y la imagen de aquella joven que lloraba desesperada. La frustración de no poder enfrentar a la maestra fue lo que más me afectó, sin embargo, me sentí en paz, pues ella había entendido cuánto Dios la amaba.

CASO #3

Una de las organizaciones a las que le doy apoyo se dedica a darles albergue a las mujeres que viven en las calles y tienen una adicción al consumo de drogas, del cual no pueden prescindir o resulta difícil debido al alto grado de dependencia psicológica y fisiológica. Como parte de sus servicios, les dan tratamientos para desintoxicar, además, de trabajar en la rehabilitación y reintegración a la sociedad. Muchas de ellas están contagiadas con SIDA, el virus de inmunodeficiencia HIV, y también reciben los tratamientos y cuidados médicos para su condición.

En una ocasión, fui invitada a llevarles una charla a una actividad al aire libre que tendría lugar en Isla de Cabras, un islote hermoso que se encuentra en la entrada de la bahía de San Juan en Puerto Rico.

Yo conocía muy bien el lugar y, mientras aprovechaba la hermosa vista frente al mar que permite ver los grandes barcos, veleros y lanchas pasar justo frente a nosotros, preparé una charla y le puse por título "El ancla".

Cuando llegamos al lugar, estaban todas muy felices. Nos sentamos todos mirando hacia el mar cuando entonces comencé mi charla con la pregunta: ¿Qué es un ancla?

Cada una fue diciendo su definición de lo para ellas era un ancla. Luego, les di la definición según el diccionario:

Objeto de hierro, generalmente en forma de arpón o de anzuelo con las puntas rematadas en ganchos, que va sujeto a una cadena o cabo y se echa desde una embarcación al fondo del mar, de un río o de un lago para asegurar la nave y evitar que este a la deriva.

Continué explicando que cada embarcación debe tener un ancla que vaya de acuerdo con su tamaño y su largo. Si es un barco grande, su ancla debe serlo también para que pueda sujetar con firmeza y soportar el peso.

Podemos decir que el ancla es una parte importante en una embarcación, sin embargo, si no tiene las dimensiones y el peso correcto o no está bien anclada, la embarcación puede hundirse.

Mientras yo explicaba, ellas me miraban fijamente esperando saber adónde yo quería llegar con aquel tema, así que continué.

El ser humano también tiene un ancla y es la palabra "por qué". El no saber las respuestas a muchas de nuestras preguntas nos estanca sin permitirnos progresar y trascender, incluso nos puede llevar hasta perder la vida. Luego de aquella explicación, las invité a participar en una dinámica.

Debían imaginarse que ellas eran una embarcación y luego describir su "ancla", o sea, sus "por qué".

Jamás imaginé el impacto que causaría esta dinámica en aquel grupo de mujeres. Fueron tan fuertes sus respuestas que mi hija, quien me estaba acompañando, tuvo que irse a caminar y alejarse, pues quedó muy conmovida por lo que había escuchado.

Hubo tres casos de las más afectadas que definitivamente nos dejaron sin palabras o argumentos.

Caso #1:

Mujer de algunos cuarenta años me dijo: "¿Por qué yo no pude tener una niñez normal? ¿Por qué desde que apenas comencé a caminar mis padres me metían dentro de los pañales drogas para poderla transportar? ¿Por qué, mientras otros niños aprendían a escribir, yo aprendía hacer tabacos de marihuana? ¿Por qué mis padres estaban tan drogados que no me cuidaron y fui violada por muchos hombres y mujeres? ¿Por qué tuve que vivir en las calles, ser adicta y prostituta? ¿Por qué tengo SIDA? ¿Por qué Dios se olvidó de mí?"

Caso #2

Mujer de algunos cincuenta años, quien tenía los brazos marcados como si un perro se los hubiera mordido y luego fueran quemados, dijo: "¿Por qué fui abandonada por mis padres y tuve que vivir en diferentes hogares donde fui maltratada física y sexualmente? ¿Por qué el único trabajo que pude conseguir fue el de prostituta? ¿Por qué nunca hubo alguien que me amara? ¿Por qué me estoy muriendo?"

Caso #3

Mujer de algunos treinta años me dijo: "¿Por qué tuve que probar las drogas? ¿Por qué no tuve fuerza de voluntad y perdí a mi esposo y mis hijos y mi casa por mis vicios? ¿Por qué no puede ser una profesional como siempre lo soñé? ¿Por qué tuve que vivir en las calles? ¿Por qué mis hijos me odian? ¿Por qué no puedo dar para atrás al tiempo y cambiar mi vida?"

Cuando terminó la última mujer de decir cuáles eran sus "por qué", todo el personal de apoyo, la psicóloga y yo, estábamos sin palabras ante el dolor que se podía percibir en el corazón de cada una de aquellas mujeres.

Nos quedamos sintiendo la brisa del mar todos en silencio por unos minutos y mirando las embarcaciones que estaban desfilando frente a nosotros y, en lo personal, tuve que orar porque francamente no sabía qué decir.

Después de unos minutos de meditación, continúe con mí mensaje. - No tengo la respuesta a ninguna de sus preguntas, pero sí tengo la contestación a las mías. Como ustedes, yo también tenía miles de preguntas que hicieron que mi ancla fuera sumamente pesada y cuando estuve a punto de hundirme, dejé de preguntar. Dejé de compararme y tener autocompasión.

Con el tiempo llegaron las respuestas, todo había sido necesario para cumplir con mi propósito y con mi comisión en la tierra. Estar esta tarde frente a ustedes como un ejemplo de superación y perseverancia, era mi misión.

Puedo hoy con autoridad decirte que te tienes que levantar. Nada puedes hacer para cambiar el pasado, pero en tu determinación y valor hay un mar de oportunidades que te darán un futuro maravilloso. Los sueños no tienen fecha de expiración, hasta el último segundo de tu vida tienes que luchar para hacerlos una realidad. ¡Rendirse está prohibido!

Luego, nos pusimos de pie y frente aquel paisaje perfecto dimos gracias al Creador por la vida y por la oportunidad que teníamos de comenzar de nuevo. Sentimos la presencia del Espíritu Santo y todos fuimos muy conmovidos.

No existen palabras que puedan describir la satisfacción y alegría al ver el entusiasmo de estas mujeres quienes hacían sus planes para comenzar a trabajar en sus sueños.

Ellas habían entendido que más importante que el pasado, era su presente, sus metas, sueños, sus anhelos y sobre todo, su determinación y perseverancia. Esa tarde ellas habían salido convencidas de que Dios había llegado a tiempo para transformar sus vidas.

Tengo que cerrar este capítulo reconociendo que mi abuelo tenía razón. Si aquel día cuando me caí, él me hubiera ayudado, jamás me hubiera esforzado para levantarme.

La locura de creer que estas junto a mí aun cuando no comprendo los procesos que me han derribado, me dio valor y fuerzas para levantarme y continuar mi camino hasta la meta.

Porque no nos ha dado Dios espíritu de cobardía, sino de poder, de amor y de dominio propio. - 2da de Timoteo 1: 7-9

Le dedico este capítulo a todas las personas que han sido víctimas de algún tipo de maltrato, violencia, abuso sexual. En especial a todos los niños que han perdido su inocencia y a han sufrido el maltrato en todas las áreas de su vida.

Si alguien con todas las oportunidades, apoyo y herramientas logra sus metas, se les llama exitoso.

Si alguien sin recursos, golpeados, lastimados y sin ninguna oportunidad alcanza el éxito, se les llama héroes.

CAPÍTULO 8

De muñeca de trapo, a princesa

Seguramente, si eres un varón pensarás que este capítulo no es para ti. Sin embargo, es todo lo contrario: creo firmemente que cada hombre tiene que leerlo.

Desde muy jovencita, soñaba con mi príncipe azul. Cuando leía los cuentos, imaginaba que eran mi historia y que al final terminaría con el beso del príncipe y seríamos muy felices. Con el tiempo, me di cuenta de que esos cuentos estaban incompletos, pues ninguno contaba que pasaba después de aquel beso.

Luego, ya adulta, llegó la nueva era la de las películas de Disney y todas las historias de príncipes, aunque eran modernas, terminaban de la misma forma, pero … ¿qué pasó después del beso? Con el tiempo, encontré la respuesta a mi pregunta: después del beso, el príncipe se convierte en sapo.

De ninguna manera quiero ofender a los hombres, pero recuerden que estoy contando mi historia y mis experiencias de vida estaban muy lejos de ser un cuento de príncipes azules con un final feliz.

Uno de los retos más grandes que enfrenta el ser humano es encontrar a esa persona idónea que complete nuestra vida y fue precisamente en esa área en la que me equivoqué una y otra vez.

Cuando era niña me pasó algo que no lograba entender en ese momento, sin embargo, ahora sé que fue una premonición. Yo tenía algunos siete años y mi abuela materna, junto a sus hermanas y mi abuelo, rentaron una casa de playa. Desde el balcón de la casa se podía observar el mar, solo teníamos que cruzar la calle y llegar a la hermosa playa. La arena era blanca y las olas muy tranquilas. Curiosamente, había solo una palmera en el mismo medio de la playa y, por alguna razón, todos los días me golpeaba contra ella.

Estuvimos una semana allí y, aunque yo estaba consciente del lugar donde estaba ubicada la palma, en las mañanas le pasaba por el lado sin mayores problemas, pero durante el día me distraía y no puedo explicar cómo terminaba golpeándome y dándome en el mismo lugar de la cabeza.

Mi abuelo, quien como les conté era humorista y a todo lo sacaba un chiste, le dijo a mi abuela: "Tenemos dos opciones, o le sacamos el cerebro a la nena, o cortamos la palma". Mi abuela era todo lo contrario a mi abuelo, así que el chiste no le hizo nada de gracia. Lo único que recuerdo es a ella poniéndome, muy molesta, mantequilla con sal y hielo en el chichón que tenía en la cabeza. Seguramente, si no eres puertorriqueño, no entenderás estos remedios caseros de aquella época que, aunque no lo crean, funcionaban.

El hombre es el único que tropieza una y mil veces con la misma piedra y yo no fui la excepción. Quiero compartir algunos de esos intentos fallidos y repetitivos los cuales me obligaron a reflexionar y cambiar lo que no me gustaba, ni me hacía feliz. No fue fácil y requirió equivocarme muchas veces, sin embargo, la enseñanza y lo que descubrí en mi caminar fue maravilloso.

Los psicólogos indican que nuestra tendencia es imitar los modelos de relaciones familiares que hemos tenido, así que definitivamente fue ahí donde comenzaron mis problemas.

Como ya les conté, vengo de un hogar disfuncional. Mis hermanos y yo tuvimos una niñez muy fuerte, teníamos unos padres que nos amaban mucho, pero las diferencias entre ellos no les permitieron darnos el hogar que tanto necesitamos. Nunca vimos a nuestros padres besarse, abrazarse, sentarse como personas racionales a dialogar sobre algún asunto y mucho menos los escuchamos jamás decir un te amo, te perdono o lo vamos a lograr juntos.

Aquel modelo de familia y de amor fue lo que lamentablemente marcó nuestras vidas. Sin haber tenido un ejemplo a seguir, cada uno de mis hermanos a su forma trató de sobrevivir a la inestabilidad emocional, buscaron su felicidad y la encontraron, pero yo fui diferente.

Me casé joven y después de dos años y de tener a mi primer hijo varón, terminé en un divorcio muy difícil. Luego, me tomó algunos años antes de volver a intentarlo. En esa segunda ocasión me enamoré perdidamente de un hombre que yo veía literalmente como mi príncipe azul. Era extranjero, guapo, alto, inteligente, deportista y actor de novelas. Eso fue suficiente para convertirme en su muñeca de trapo: estaba perdidamente enamorada de alguien que no sentía absolutamente nada por mí y que solo disfrutaba de nuestros momentos íntimos. Un año después de intentar ganar su corazón, quedé embarazada y eso fue lo único bueno y hermoso que quedó de esa relación.

Ya bastante herida y maltratada emocionalmente, conocí a este joven menor que yo. Al principio me resistí, pero al pasar el tiempo, comenzamos una relación seria y de compromiso. Después de dos años viviendo juntos, nos llegó la hermosa sorpresa de que íbamos a ser padres, noticia que nos llenó la vida de ilusión y alegría.

Fue una relación que duró doce años y desde el principio fue complicada, pues tuve que lidiar con sus etapas de inmadurez, sin embargo, puedo decir que logramos tener una relación unida y lo más parecido a lo que yo había tenido como familia. Esta relación marcó mi vida de una forma muy diferente.

En mi libro **El Grito**, doy detalles de todos los procesos dolorosos y cómo tuvimos que huir de la isla para establecernos en el estado de Florida. Por seguridad, vivimos alejados de la isla y de nuestras familias por cinco años.

Lo más difícil no fue dejar toda mi familia, amigos, mi trabajo y mi vida entera en la isla para comenzar de nuevo, sin nada y en un país en el cual no dominaba el idioma y en el que eventualmente me quedé sola con mis tres hijos. Lo más doloroso fue entregar mi vida entera por aquel amor y al final descubrir que él tenía doble vida y que me engañó destrozando mi corazón, mi autoestima y, peor aún, mi relación con Dios.

Dejé que la indignación, la ira, el odio y el deseo de venganza se apoderaran de mí y sufrí las terribles consecuencias. Además, tomé la peor decisión de mi vida: alejarme de Dios y culparlo de mi desgracia. No podía creer que él no hubiera hecho nada para evitarme tan devastador dolor. Yo no podía entender por qué Dios me castigaba de esa forma.

Me atrevería a decir que la mayoría de las personas reaccionan ante el dolor y la frustración de la misma forma que yo lo hice. Tomamos decisiones sin consultar a Dios y cuando las cosas no salen como esperábamos, entonces le echamos la culpa a ÉL y luego le damos la espalda.

Exactamente. eso hice yo. Desde ese entonces, decidí hacer las cosas a mi manera y esta decisión me trajo inmediatamente consecuencias terribles.

Aquellos fueron días muy difíciles, no solo porque tenía que lidiar con mis emociones, sino porque mi esposo había entrado en un proceso legal en el cual fue privado de su libertad y yo, como su esposa, tenía la obligación de manejar todo lo relacionado con ese proceso frustrante. Me sentía agobiada y drenada emocionalmente.

No quiero repetir historias que ya fueron mencionadas en mi libro anterior, sin embargo, puedo resumir que me equivoqué terriblemente buscando sanar y sacar de mi corazón el dolor que tenía.

Cuando nos duele el alma después de una o varias traiciones, el dolor nos ciega o nos deja impotentes ante la razón. En mi caso, no sabía si era venganza o el desespero que tenía de volver a enamorarme y poder sacarme aquel dolor del corazón.

Luego de un tiempo, entré a una relación totalmente dañina. Se me revuelca el estómago de solo recordar aquella experiencia. Esa fue una de las más terribles decisiones que he tomado, la cual puso en tela de juicio mi integridad y mi reputación.

Aquella relación terminó peor de lo que había comenzado. Aquel hombre salió de mi vida y se llevó lo poco que me quedaba de integridad y de amor propio.

Aunque no soy persona de mostrar mi lado débil, por el contrario, tengo una personalidad fuerte y determinada, en mis momentos de soledad me quebrantaba y pensaba que jamás podría salir adelante, no porque amara aquel hombre, sino por el precio alto que había pagado por mi error.

Un día, una amiga mía me fue a visitar y trató de animarme y sacarme de mi depresión por lo que me suscribió en una página para conocer personas. Era mi primera vez y quedé encantada, pues inmediatamente comencé a tener contacto con diferentes personas.

¡Qué maravilla! Sin salir de la casa poder conocer personas y hasta enamorarte de ellas a la distancia, no podía ser más perfecto. Si dejaban de interesarte, solo les dabas "delete" o las bloqueabas y ya no volvías a saber de la persona. Mi vida emocional cambió desde 2003, época en la que nació "My Space", "Skype" y luego, en el 2004, llegó la revolución con "Facebook", quien tenía su propia plataforma exclusiva: "Facebook Dating", la cual te ayudaba a conseguir parejas que tuvieran los mismos intereses que tú.

Era increíble ver cómo fueron naciendo diferentes plataformas dirigidas a sustituir las relaciones humanas por las virtuales. Las aplicaciones de mayor aceptación para buscar pareja en esa época fueron "Badoo" y "Tinder", y hoy día se siguen usando con éxito.

Los cristianos no se quedaron atrás. Salieron miles de plataformas que hoy día siguen siendo una de las herramientas más utilizadas para "ayudar" a Dios a encontrarnos la pareja ideal. No estoy diciendo que no funcione, aunque mi experiencia fue todo lo contrario, hay personas que han encontrado su otra mitad a través de todas estas aplicaciones.

Yo reconozco que fui una adicta a esta nueva era del Internet y de las redes sociales. Recuerdo que cuando comencé a utilizar "My Space", conocí a algunos prospectos y hasta logré conocer en persona alguno de ellos y las decepciones que yo recibí y seguramente ellos también, fueron terribles. Lo que más me molestaba era el tiempo que pasé escribiendo, enviando fotos y hablando largas horas por teléfono, eso sin contar las noches que pasabas soñando con el encuentro que cambiaría mi vida, para al final descubrir que esa persona no era lo que esperaba.

En una ocasión, me pasó algo que ahora me parece gracioso, pero en aquel entonces fue muy frustrante. Conocí a través de una de las aplicaciones a una persona que me parecía muy interesante. Teníamos muchas cosas en común, así que, después de varios meses, decidimos encontrarnos para conocernos mientras nos tomábamos un café. Recuerdo que después de retocarme el maquillaje unas diez veces y de tener que manejar con las ventanas abiertas para no intoxicarme con mi perfume, llegué a nuestro punto de encuentro el cual quedaba justo en el tope una loma.

Cuando llegué al lugar, pude identificarlo de lejos y, aunque estaba oscuro, se podía apreciar que era un hombre alto con una su silueta esbelta, pero según iba bajando la loma y se iba acercando, esa impresión fue cambiando.

Cuando llegó hasta la puerta de mi carro, noté que era sumamente bajito. Es decir, mido 5'1" y era más alta que él. Dentro de mi mente pensé ¿qué le pasó?… en las fotos no se veía así. No quiero que me malinterpreten, no me burlo, ni tengo por menos a nadie por su físico. Al contrario, me refiero a la imagen que él compartió y a la conclusión que yo llegué porque me dejé llevar por lo que veía en las fotos.

Él, muy simpático, me saludó y me dijo: "Yo soy un hombre concentrado". Nos reímos y compartimos una velada como amigos en la cual descubrimos que no éramos tal para cual, no por su tamaño, sino porque no hubo química entre nosotros. Desde ese día, nuestra comunicación cambió y se convirtió en una hermosa amistad fraternal, así que, a pesar de todo, no puedo decir que fue un tiempo perdido.

Como esta experiencia, hubo otras que tampoco tuvieron el final esperado. Sin embargo, me dieron la oportunidad de conocer a personas maravillosas y a otras que fueron despedidas con un "delete".

Una noche recibí una invitación de amistad por "Facebook" que acaparó mi atención. Antes de aceptar la invitación, fui a su página y me llamó la atención lo que él acostumbraba a publicar: hermosas puestas de sol, lanchas y veleros espectaculares, el maravilloso mar, además, en sus mensajes se expresaba muy bien y con sentido. En sus fotos se veía un hombre atractivo y muy elegante, así que, ya que teníamos en común la pasión por el mar, acepté su invitación.

Recibí inmediatamente un mensaje en privado en el que me daba las gracias y desde ese día comenzamos a tener comunicación constante. En unos días hicimos contacto por teléfono y, pasados unos meses, podíamos decir que teníamos una relación virtual. Él vivía en Puerto Rico y yo en Florida, así que luego de un tiempo, decidió viajar para conocernos.

Esta vez reconozco que estaba super emocionada, él era un hombre de muchos detalles y eso me tenía perdidamente enamorada. Le daba gracias a Dios porque estaba convencida de que "definitivamente" este era el que tanto había esperado.

Había llegado el día de nuestro encuentro, estaba muy nerviosa y con mariposas en el estómago. Me encontraba dentro de mi carro frente a la puerta de salida del aeropuerto y de pronto, él salió. Por unos momentos contuve la respiración e hice un esfuerzo por controlar mis emociones. Para mi sorpresa, él también era muy bajito de estatura. Yo soy bajita de estatura y por eso siempre me han llamado la atención los hombres altos, sin embargo, en esta ocasión fue lo menos que me importó, pues inmediatamente hubo química entre nosotros. Además de ser un hombre muy guapo, vestía impecable y tenía una personalidad que le robaba el corazón a cualquiera. Compartimos momentos maravillosos, todo el tiempo nos estábamos riendo, aunque había cosas que no me parecían normales, aun así, me sentía en las nubes.

Luego de aquel encuentro hermoso, fue mi turno de viajar a Puerto Rico. Él me fue a recoger al aeropuerto en un carro hermoso y me llevó a su apartamento, el cual quedaba frente al mar. Me entregó una llave y me dijo que era mi copia y me pidió que yo abriera la puerta.

Cuando abrí la puerta, quedé perpleja ante aquella imponente vista. Se podía ver el mar de frente y sentir la fuerte brisa que permitieron que ese fuera un momento inolvidable. Me había puesto mi canción preferida y en cada habitación del apartamento había colocado una rosa hasta llegar a la habitación principal, en la cual había decorado la cama con una cantidad increíble de rosas rojas.

Ya se podrán imaginar la emoción que yo sentía, hasta que de pronto pasó algo inesperado. El momento fue interrumpido por una llamada que recibió. Salió del apartamento para hablar y luego se despidió rápidamente y se marchó porque tenía una "emergencia" en el trabajo.

Sé que la imaginación de ustedes fue más allá que las acciones de él. Los pocos días que estuve en la isla lo vi solo dos veces y siempre estaba de prisa porque tenía algún compromiso de su trabajo. Regresé sumamente decepcionada. Lloré mucho, pues en esta ocasión me había hecho muchas ilusiones y lo peor era que él parecía estar super enamorado, pero sus palabras no iban de acuerdo con sus acciones.

Estaba decidida a nunca más tener contacto con él, pero no se hicieron esperar sus constantes llamadas. Su insistencia, disculpas y continuos detalles terminaron convenciéndome de continuar con la relación. Semanas después, regresó a Florida y luego de recogerlo al aeropuerto, me pidió que fuéramos de tiendas, así que llegamos a un centro comercial en Orlando. En una ocasión, me dejó sentada comiendo helado en lo que él iba al baño. Tardó demasiado, pero no estaba dispuesta a arruinar ese momento con mi desconfianza. Luego, regresó y pasamos una tarde maravillosa.

Habíamos coordinado ese fin de semana ir a la playa con mi familia, sin que imaginara que me tenían una sorpresa. Me pidió que nos casáramos y me entregó una hermosa sortija de compromiso. Yo tenía una mezcla de emociones, pues el momento fue hermoso y la sortija estaba espectacular, llena de brillantes, sin embargo, aún tenía mi corazón lleno de dudas que, al final y después de ese momento, determiné poner a un lado y fluir con todo lo hermoso que estaba aconteciendo en mi vida.

La sortija me había quedado grande así que fuimos de regreso a la tienda donde la compró en Orlando, para que me la adaptaran. Cuando vi el precio, quedé convencida que su compromiso era genuino, así que no había ninguna duda de que aquella propuesta era real.

Luego volvió a sorprenderme, pero esta vez fue en "Facebook". Me pidió públicamente que fuera su esposa y los "like", los comentarios y felicitaciones no se hicieron esperar. Fueron unos meses entre viajes y coordinación para la boda, los cuales disfruté llena de alegría y de mucha ilusión.

Ya teníamos todo coordinado, mi traje separado, su ajuar, los anillos de boda. La ceremonia sería en un hermoso crucero junto a nuestra familia. Luego de ahí, partiríamos para nuestra luna de miel y de regreso, él se establecería en Florida.

En muy poco tiempo, la relación se había formalizado y si algo me encantaba de él, era que acostumbraba a visitar a mi mamá en Puerto Rico. Además de llamarla por teléfono todas las semanas y de hacerla parte de nuestros planes de boda, él se había ganado el corazón de mi familia, el de mis amistades y yo me sentía inmensamente feliz.

Él era ingeniero de profesión, divorciado y con una hija hermosa de siete años. Sus padres vivían en un pueblo en la isla y lo más increíble era que solo en una ocasión, había hablado con su única hermana por teléfono. Siempre que coordinábamos para ir a conocer a su familia, alguna situación se presentaba que impedía que se diera el encuentro. Eso me tenía muy intranquila, ya que la fecha de la boda se acercaba y aún no conocía a su familia. Él tenía una forma muy peculiar de manejar mis emociones y tranquilizarme, así que esperaba confiada a que pronto pudiera conocer a mi nueva familia.

En una ocasión me llamó la atención que en su página de "Facebook" una mujer puso un comentario en el que le daba las gracias por el tiempo maravilloso que pasaron. Lo llamé inmediatamente para que me explicara y entre sus acostumbrados chistes, me dijo que ella era parte de su familia y que no tenía por qué preocuparme. Yo había copiado el enlace de aquella mujer, pues como era de esperarse, él la borró "para que no se prestara a malentendidos".

Algo en mi corazón me tenía muy inquieta, así que después de unos días, decidí escribirle a aquella mujer, quien no leyó el mensaje hasta algunas semanas después. Cuando se comunicó conmigo, quedamos en estado de "shock": ella era la novia y yo también. Ellos estaban en planes de boda, al igual que yo, aunque ella aún no había comenzado a organizar la boda ni tenía su sortija. Ambas lloramos e hicimos un plan para saber quién era realmente aquel que tenía la desfachatez de jugar despiadadamente con nuestros corazones.

En medio de nuestra conversación, ella recordó que tenía una correspondencia que él había olvidado en su casa con la dirección del pueblo donde vivía su familia, así que, al día siguiente en la madrugada, ella se fue hasta aquel pueblo que le quedaba a algunas dos horas y media de distancia.

Cuando llegó a la casa, el carro de él se encontraba estacionado dentro de la marquesina. Confirmado que definitivamente él estaba en aquel lugar, ella permaneció esperando dentro de su carro a que amaneciera y llegara el momento para enfrentarlo.

En la mañana se abrió la puerta de la casa, salió él con su hija y una mujer que parecía ser la mamá de la niña. A pesar de que las emociones parecían que la iban a dominar, aquella mujer se contuvo y llena de valor, bajó de su auto y caminó hasta la casa. Cuando él la vio, se quedó paralizado y notablemente nervioso, trató de evitar que ella se acercara y le preguntó cómo había llegado hasta allí.

Ella no le contestó. Lo sacó del camino, se dirigió hasta la mujer y le preguntó si ella era la esposa, a lo que le contestó en afirmativo. Entonces, esta mujer se presentó como la novia de él y le dejó saber que había venido también en representación de otra persona, que estaba comprometida para casarse con él en el estado de Florida.

Después de un silencio sepulcral, con una actitud burlona, la mujer dijo: "Pues, qué pena por las dos, pues yo soy su feliz esposa". Luego, ambos dieron la espalda, se montaron en el vehículo y se fueron.

No tengo palabras que puedan expresar el dolor que sentí cuando aquella mujer me llamó. Juntas lloramos, ambas sentíamos una mezcla de muchos sentimientos, entre frustración, rabia, decepción y, en mi caso, era aún más doloroso, pues yo tenía toda la boda coordinada. Ahora, la parte más difícil sería explicarle a mi familia lo sucedido, además de infórmales a los centenares de amigos de "Facebook" que diariamente nos seguían y ansiosos esperaban por las fotos de la boda.

Pasé unos días encerrada tratando de procesar todo lo que había pasado. Recibía diariamente llamadas y mensajes de él en los que me insistía cínicamente que todo tenía una explicación y que él estaba por firmar su divorcio para casarse conmigo. Esta vez no logró persuadirme. Le devolví la sortija y jamás quise volver a saber de aquel hombre que de príncipe azul, pasó a ser un gran sapo. Quedó bloqueado de "Facebook" y de mi corazón.

Aunque por mucho tiempo me alejé de las redes sociales, regresé, pero no para conocer nuevas personas (aquel golpe me había dado una buena lección). Sin embargo, me reencontré con amigos de mi niñez, que también me llenaron el corazón de ilusiones y al final no se pudieron cumplir. Por lo tanto, tengo que concluir aceptando que ellos no eran el problema, era yo.

Para poder escribir mis experiencias, tengo que volver a vivirlas y en este capítulo me dolió mucho recordar. Fueron tantas las veces que no fui valorada ni apreciada, pero lo más terrible es que no puedo reclamarle a nadie, pues reconozco que solo fue mi culpa. Por ese anhelo incontrolable de sentirme amada, fui capaz de olvidar mi valor, y mi verdadera esencia de mujer para convertirme en una muñeca de trapo y peor aún, fui capaz hasta de separarme de Dios. Sin embargo, ÉL nunca se olvidó de mí y cambió de forma magistral lo que yo pensé que era mi final, para convertirlo en un nuevo comenzar.

Mis días transcurrían con la esperanza de que algún día mi príncipe azul llegara y, de repente, la vida me dio un golpe aún más fuerte: mi hijo mayor fue arrestado y cayó preso. Según lo cuento en mi libro, por primera vez en años tuve que rendirme a los pies de Dios y reconocer que, sin él, era imposible salir adelante.

El tiempo que mi hijo estuvo en la cárcel permanecí en el estacionamiento sin moverme por algunos diez días. Lloraba, oraba y clamaba día y noche y le prometí a Dios que, si él sacaba a mi hijo de la cárcel, lo llevaría a la iglesia y yo le serviría por el resto de mi vida.

Días después, Dios me contestó. Mi hijo salió de la cárcel y yo cumplí mi promesa de llevarlo a la iglesia. Hoy día es Evangelista y yo también cumplí con mi parte: desde ese día jamás volví apartarme del Señor.

La vida es un constante proceso en el que Dios pone a prueba todas las áreas que necesitan ser desarrolladas o mejoradas. En mi caso, desde mi niñez habían quedado unos espacios vacíos que yo buscaba llenar constantemente de afecto y protección, pero seguía lamentablemente el patrón equivocado. Esto provocaba que repitiera el mismo error una y otra vez, por lo tanto, era necesario romper con ese ciclo, aunque eso significara destrozar mi corazón.

Lo primero que tuve que hacer cuando mi parte emocional fue destruida, fue autoevaluarme. Tuve que repasar mi comportamiento repetitivo que no me hacía feliz y que siempre me daba los mismos resultados. Luego, me tocó aceptar que tenía que hacer cambios y esta era la parte más difícil, pues nos acostumbramos a ese estilo de vida y, más que tratar de cambiarlo, nos adaptamos a vivir de esa forma.

¿Qué es maltrato emocional o psicológico?

Definición:

El maltrato emocional o psicológico se da en aquellas situaciones en las que los sujetos significativos de quienes depende el maltratado, lo hacen sentir mal, descalificado, humillado, discriminado, ignorando o menospreciando sus sentimientos, sometiendo su voluntad o subordinándolo en distintos aspectos de su existencia que inciden en su dignidad, autoestima o integridad psíquica y moral.

Ejemplos de maltrato emocional son: la miseria afectiva, el <u>abandono emocional</u>, la falta de empatía, la descalificación, la violencia verbal, los insultos, las amenazas, el control excesivo, la extorsión afectiva, la culpabilización, la presión económica, los sarcasmos, la coerción, las críticas destructivas, el desprestigio de los vínculos del sujeto (descalificación de sus amistades, familiares o pareja), el aislamiento emocional, las burlas y cualquier tipo de castigo que no sea físico.

El maltrato emocional puede venir acompañado de maltrato físico o no, pero cuando existe maltrato físico, siempre se combina con el maltrato emocional.

Todos los días trabajo con mujeres que han sido maltratadas en todos los sentidos y es como un espejo de lo que un día yo fui. No importa tu intelecto, preparación o tu nivel social, raza o cultura. Tampoco importa si eres creyente en Dios o eres atea, si sigues un patrón como el mío, seguramente los resultados serán igual.

Aunque aún no había llegado esa persona especial, mi corazón había sido transformado. Aprendí a perdonar y a pedir perdón. Me alejé de las relaciones que no aportaban a mi vida y cambié el uso de las redes sociales. Ahora son mi herramienta de trabajo y a través de ellas llevo mi testimonio y mensajes de esperanza a todas las personas que, como yo, se perdieron en el camino.

Lo más importante es que al reconocer que por años fui víctima de maltrato emocional y adicta a las relaciones dañinas y virtuales, determiné hacer cambios y buscar ayuda. Sin embargo, si tú que lees este libro sufres algún tipo de maltrato, es importante que entiendas que solo tú puedes cambiar tus circunstancias con unan sola decisión.

Muchos me llaman valiente y otros loca por exponer y compartir mis áreas más oscuras y débiles en un libro. Sin embargo, cuando Dios cambia tu realidad y defectos en herramientas para reparar corazones y llevar fe, esperanza y amor, es tu responsabilidad compartirlo.

Mis tiempos de muñeca de trapo habían pasado. Comprendí que mis ansias de encontrar el príncipe azul era solo por el anhelo que tenía de convertirme en una princesa. Aprendí que soy princesa, no por tener un príncipe a mi lado, sino por ser hija de un Rey.

> *La locura de mostrarme como una mujer imperfecta me llevó a ser amada por un Dios perfecto.*

Ni lo alto, ni lo profundo, ni ninguna otra cosa creada nos podrá separar del amor de Dios, que es en Cristo Jesús Señor nuestro. -Romanos 8:39

CAPÍTULO 9

Una oportunidad

La vida se compone de muchos momentos que te darán una oportunidad. ¿Qué es una oportunidad? Es ese momento propicio, adecuado, oportuno o la circunstancia favorable para hacer o lograr algo que no había sido posible, hasta ese preciso momento. Una oportunidad implica que debe haber una acción de parte de nosotros.

Cuando reflexiono sobre lo antes expuesto, suena y parece sencillo. Sin embargo, es uno de los retos más grande que tiene el ser humano, ya que requiere tener sabiduría para poder discernir y saber elegir las oportunidades que llegan para beneficiarnos y edificar nuestra vida.

Hay momentos que llegan con felicidad, alegría, éxito, ganancia, celebración; hay otros que traen dolor, perdida, frustración, tristeza y miedo. Así que, la actitud que tengamos ante esos momentos será lo que determine si los aprovechamos o los dejamos pasar.

Como a todos nos ha pasado, a lo largo de mi vida he tenido infinidad de oportunidades. He aprovechado algunas para mi beneficio, otras las he tenido que dejar pasar por la misma razón. En este capítulo quiero compartir algunas de estas oportunidades que me pusieron entre la vida y la muerte, otras que me pudieron llevar a perder mi libertad en la tierra y en el cielo y otras, que me llevaron a ver cara a cara el éxito y la gloria de Dios.

Hay oportunidades que cuando se presentan, sabes inmediatamente que no las puedes dejar pasar. Por ejemplo, supongamos que estás sin trabajo por muchos meses, llegas a una oficina a hacer una gestión personal y la persona que te está atendiendo, te entrevista y en ese momento te dice: "Señor, qué "casualidad", necesitamos una persona con sus cualificaciones para una plaza que hay que ocupar inmediatamente". Resulta que la plaza es lo que buscabas, con una mejor paga de la que esperabas. Vas a aceptar inmediata y casi instintivamente esa oportunidad y no la vas a dejar pasar. Este es un claro ejemplo de lo que es un momento que trajo como resultado una gran oportunidad, que era casi imposible dejar pasar.

Sin embargo, hay oportunidades que cuando llegan, te ponen en posición de elegir y ponen a prueba nuestra fortaleza y determinación.

Actualmente, han surgido muchísimas disciplina que utilizan la motivación para ayudarnos alcanzar logros y objetivos y todas llevan el mismo mensaje: las oportunidades que se pierden no se recuperan. No podemos dejar pasar las oportunidades. Las oportunidades no se pierden alguien más las aprovecha. Seguramente, has escuchado alguna vez una de estas declaraciones que te llevan a pensar que definitivamente dejar pasar una oportunidad es lo peor que te puede pasar, sin embargo, yo difiero de eso cuando se trata de una elección que te puede destruir.

En una etapa muy difícil de mi vida, en la cual pensé que no tenía opciones, llegó ese momento en el que necesitaba hacer algo para terminar con el dolor, la frustración y la impotencia. Así que, fui a comprar unas pastillas para terminar rápido con mis problemas. Escribí una carta y, cuando estaba a punto de terminar con mi vida, me fijé en el libro que estaba justo al lado de las pastillas.

Ese mismo día en la mañana, cuando salí a comprar las pastillas, pasé frente a una librería y una señora que estaba limpiando los libros me detuvo e insistió en que entrara y comprara específicamente aquel libro. A pesar de que le expliqué que no me interesaba, era obvio que iba a quitarme la vida, su persistencia me obligó a comprarlo para salir de la señora y poderme marchar.

Cuando fui a tomar el vaso de agua para tomarme las pastillas, aquel libro captó mi atención, así que lo comencé a leer por encima para ver de qué se trataba. Sin darme cuenta, lo abrí y en unas horas había terminado de leerlo. El libro hablaba de una joven que se había suicidado, fue en ese momento que tomé la decisión de cambiar aquella oportunidad que tenía de quitarme la vida y elegí vivir.

Ese capítulo se encuentra en mi libro *El Grito*. Es uno de los más hermosos, se llama *El ángel del plumero azul*. Este es un claro ejemplo de cuando ese momento te trae la oportunidad de elegir entre dos opciones, la que te destruye o la que te llevará al éxito.

Puedo afirmar que nuestra vida entera es una oportunidad para aprender y crecer. En mi caso particular, he tenido un entrenamiento intensivo, pues definitivamente han puesto a prueba mi fuerza de voluntad y autocontrol.

En este relato, por respeto y amor a las partes involucradas, no daré detalles. Sin embargo, no puedo dejar de mencionar que tuve en mis manos la oportunidad de destruir a una persona que, con sus decisiones válidas o no, había lastimado a mi familia. Llegado el momento de enfrentar a la persona, recordé llena de ira unas palabras que mi hijo más pequeño me había dicho justo antes de salir a mi encuentro: "Mami, recuerda que eres una hija de Dios".

En segundos reflexioné sobre aquel pensamiento destructivo y el error que estuve a punto de cometer, además de las consecuencias que hubieran destruido mi vida y la de toda la familia.

Agradecí a Dios por cuidarme y protegerme de mis impulsos y emociones. Hoy día tenemos una relación cordial con esa persona y todos somos felices, así que valió la pena haber dejado pasar aquella oportunidad.

A veces nos dejamos invadir por la ira o por el temor y terminamos haciendo algo que no habíamos pensado. Por eso, es sumamente importante entender los beneficios que nos trae el autocontrol, ya que son el timón de nuestra vida. De nada sirve que lleguen oportunidades si no tienes el control sobre los efectos en tu vida. No hablo de perder la espontaneidad o reprimirse, más bien es tener un control sobre las pasiones y los impulsos.

Es importante que entendamos que cuando no somos capaces de cambiar una situación, nos enfrentaremos al reto de nosotros tener que cambiar.

Al entender que tenemos que saber elegir las oportunidades que nos llegan, entramos en otro dilema que no deja de ser otro reto para nosotros y es saber si es posible tener una segunda oportunidad. Como les mencioné anteriormente, estamos constantemente recibiendo mensajes motivacionales en los que nos dicen que NO podemos perder una oportunidad porque jamás regresará, así que pensar en una segunda oportunidad, parece una locura.

Esta expresión de "segunda oportunidad" generalmente nos lleva a pensar en sentimientos y en las relaciones de pareja, pues son las más comunes. Sin embargo, hay miles de situaciones en la vida en las que se puede dar una segunda oportunidad.

Comparto con ustedes un testimonio en el que se muestra claramente que, si hay alguien experto en las segundas oportunidades, es Dios.

En una página de "Facebook" de un amigo vi fotos de una joven que salía con mascarilla y tanques de oxígeno. Sus mensajes eran muy depresivos y dejaba ver claramente su estado de ánimo y lo sola que se sentía ante el proceso que estaba viviendo.

Yo acostumbraba a orar por ella hasta que un día le envié una invitación de amistad, la cual aceptó y, luego de intercambiar varios mensajes, fui personalmente a su casa a conocerla. Fue un encuentro muy hermoso. Ella abrió su corazón y me habló de cómo había sido su vida hasta que fue diagnosticada con su enfermedad.

Ella había tenido una niñez muy difícil y luego, a los diecinueve años, fue diagnosticada con cáncer de la matriz por lo que perdió la capacidad de tener hijos.

Desde ese entonces, vivió una vida rebelde y desordenada que la llevaron a desear hasta quitarse la vida. Despues de vivir una experiencia muy fuerte, reconoció que tenía hacer cambios y decidió alejarse de su círculo familiar, de sus amistades y se mudó al estado de Florida.

Luego de un tiempo trabajando en el aeropuerto de Orlando, Florida, se sintió muy mal de salud y la tuvieron que llevar al hospital. Allí fue diagnosticada con una condición terminal en los pulmones que requería un trasplante, algo que estaba muy lejos dentro de sus posibilidades.

Su historia me conmovió y desde ese día nos hicimos muy amigas. Sin planificarlo, me había convertido en su consejera espiritual y mi mayor anhelo era que ella obtuviera su milagro.

En una ocasión, estaba en el hospital muy delicada de salud y yo viajé hasta Orlando para visitarla. Le llevé comida de su restaurante favorito, flores, regalos y, como no podía llevarlo todo de una vez, tuve que caminar varias veces desde el inmenso estacionamiento hasta el piso donde se encontraba admitida.

Una vez terminé de subir todo lo que había traído, pregunté por su habitación. Las enfermeras se miraron entre sí y luego me preguntaron si yo era familia de ella, a lo que les dije que no, que era su mejor amiga. Luego de consultar entre ellas, cosa que me puso muy intranquila, me preguntaron si conocía algún familiar, pues nadie la visitaba y sus familiares en Puerto Rico no contestaban las llamadas y era urgente localizarlos porque ella estaba en proceso de partir.

Quedé fría ante aquella noticia. Pregunté si podía pasar a verla y luego de todo el protocolo de prepárame con bata, mascarilla, guantes, pude pasar a su habitación con parte de lo que le había llevado. Era una habitación muy grande y en el medio estaba solo su cama con todos los equipos médicos a su alrededor.

En los momentos cuando estoy más nerviosa (imagino que heredado de mi abuelo), me sale el humor, me río y hago chistes. Pienso que es una autodefensa, así que cuando entré a la habitación, ella apenas podía hablar y moverse, me miró y con una sonrisa a medias, me dijo: "¡Hola, estás aquí!"

Entonces, yo entré con unas energías increíbles, como si estuviera animando un juego de fútbol y le dije: "Hoy no es día para que te mueras, yo he manejado casi tres horas porque me perdí para llegar aquí. Luego tuve que comprar la comida, caminar unas tres veces desde el estacionamiento para traer la "laptop", una película, unas flores y un regalo. Así que, no puedes morirte porque no me quedó nada de dinero, además, yo quiero comer y ver películas".

Ella comenzó a reírse a carcajadas e hizo un esfuerzo para incorporarse. Después de media hora, las enfermeras y médicos no podían creer que ella tuviera sus signos vitales casi normales y que la saturación de su sangre hubiera subido. Además, le permitieron comer, vimos películas, grabamos videos para "Facebook", nos sacamos fotos y pasamos una tarde maravillosa, que cerramos invocando y dando gracias al Padre Celestial por aquel milagro.

Aquella joven no murió ese día, al contrario, vivió mucho tiempo hasta que luego, cuando yo estaba establecida en Puerto Rico, volvió a caer en el hospital. Esta vez llevaba algunos dos meses hospitalizada, casi todos los días hablábamos y siempre me repetía lo mismo: "Aquí estoy mirando por la ventana". Un día la llamé y esta vez me dijo: "Aquí estoy mirando por la ventana a un vagabundo que todos los días llega con su carrito de compras para acostarse en el suelo sobre unos periódicos. Daría todo por cambiar mi vida por la de él".

Ese día no pude contenerme, así que le dije que la llamaría más tarde. Comencé a llorar y a clamar desconsoladamente y de pronto, esa vocecita que nos habla al corazón me dijo que le escribiera una canción. Me fui a mi cuarto, prendí la computadora e inmediatamente comencé a escribir las estrofas mientras tarareaba una melodía.

Mi mamá, quien en aquel entonces aún podía caminar, pero su demencia la tenía totalmente fuera de control, me escuchó tararear la canción y comenzó a gritarme desde su cuarto que me callara. Entonces, cerré la puerta del cuarto, las ventanas y, en ese calor infernal, continúe con lo que se había convertido en toda una misión. Mientras continuaba escribiendo, en voz baja tarareaba la melodía. Fue entonces cuando la cosa se complicó aún más. Mi mamá cogió un palo y comenzó a golpear con todas sus fuerzas la puerta y las ventanas. Yo hice un esfuerzo sobrenatural para mantenerme concentrada y no perder la inspiración. Entre lágrimas y una presión terrible, pude terminar de escribir la canción.

Luego de eso, me quedé encerrada por varias horas hasta que dejé de escuchar a mi mamá y pude salir del cuarto. Al otro día, me comuniqué con un amigo músico y le envíe la letra y la melodía. Pasada apenas unas horas, me envió la canción con los arreglos. ¡Quedó hermosa!

Habían pasado unos días, cuando recibí una llamada de aquella joven que, entre lágrimas de desespero, me decía que la estaban preparando para operarla de emergencia, pero por su condición no le podían asegurar que saliera con vida de la operación. Ella me pidió que orara por ella y cuando terminamos y estábamos por despedirnos, me dijo: "Me gustaría que algún día me escribieras una canción". Le pedí eufórica que cortara la llamada porque le iba a enviar algo. Inmediatamente le envié la grabación de la canción, cantada por mí, con los arreglos musicales que mi amigo había hecho.

Pasaron unos minutos y ella volvió llamar. Apenas se podía entender lo que decía, pues estaba muy conmovida, emocionada y llorando. Me dio las gracias y se despidió diciendo que ella anhelaba con todo su corazón esa segunda oportunidad.

Nunca imaginé que aquella canción Dios la había puesto en mi corazón para ese preciso momento. Una estrofa de la canción dice: "Ya no le quedan lágrimas y entre tristeza y soledad preguntaba si era posible una segunda oportunidad".

Aquella joven se llama Helen Vázquez y salió victoriosa de aquella operación. Después de muchos procesos dolorosos y luchas, logró su trasplante y aquella segunda oportunidad que tanto había anhelado.

A través de los procesos de Helen yo pude entender que hay situaciones en la vida donde rendirnos está prohibido, su perseverancia y valentía han sido de inspiración para todos los que la hemos conocido.

Aquí les comparto la dirección del canal de "YouTube" en el que pueden escuchar la canción "La ventana" (https://www.youtube.com/watch?v=SU-16Sy-vP0) con el arreglo musical del maestro Edwin Jiménez.

Hasta ahora hemos hablado de las oportunidades buenas y las destructivas. También, hemos visto que es posible tener una segunda oportunidad. Sin embargo, la oportunidad por sí sola no nos llevan al éxito, requiere una acción de nuestra parte. Tendrás que luchar, prepararte, esforzarte, perseverar y después de todos eso, vas a necesitar la única llave que abre la puerta al éxito.

Hubo una personita que me inspiró para escribir este capítulo y fue mi hijo más pequeño, Josué. Aunque su papá siempre quiso que fuera pelotero, él era totalmente diferente a otros niños. Su pasión era bailar "break dance". Estaba en un equipo de baile y tuvo la oportunidad de bailar en Universal Studios y en diferentes espectáculos a nivel de competencia, así que, en contra de los planes de su papá, él era bailarín.

A pesar de su preferencia, para seguir las instrucciones de su papá, lo puse desde que tenía seis años a jugar béisbol. Para él era un castigo llevarlo al parque. En el primer juego corrió para el lado contrario, bateó la bola y salió corriendo para la tercera base, en lugar de correr para primera. La mayor parte del tiempo se pasaba bailando en las bases, pues esa era su pasión y el "coach" casi a punto de un infarto, le gritaba durante todo el partido que se concentrara y dejara de bailar.

Ya un poco más grande, tenía algunos doce años y quiso entrar en un equipo de fútbol americano. Cuando lo miré, flaquito, pequeño y sin ninguna experiencia pensé, lo van a matar. Así que, le dije rotundamente que no, pero él deseaba eso con todas las fuerzas de su alma. Insistió una y otra vez para que le diéramos esa oportunidad. En contra de la voluntad de su papá, quien tenía razón, pues era un deporte muy peligroso y él físicamente no estaba preparado, al contrario, estaba en desventaja porque en Estados Unidos los niños juegan fútbol desde que salen del vientre de sus madres y ese no era el caso de nuestro hijo, finalmente accedimos y pagamos la inscripción para entrar a la MCYFL.

Le entregaron su uniforme con el casco más pequeño que tenían, el cual le quedaba grande, problema que solucionó fácilmente: NO quiso por meses que lo recortáramos para que el cabello rellenara el casco y no se le moviera.

Cuando por primera vez lo llevamos a su práctica, se podía apreciar la diferencia física entre sus compañeros que eran fuertes y agresivos. Mi hijo sabía que estaba en desventaja, así que todos los días sin fallar se levantaba temprano y antes de ir a la escuela, tomaba latas de habichuelas y buscada todo lo que pudiera servirle en el garaje de la casa para ejercitarse. Además, daba vueltas alrededor del complejo de apartamentos donde vivíamos, aun así, los demás chicos seguían superándolo en físico y en experiencia. Nos daba pena ver todo el esfuerzo que hacía.

Cuando comenzaron los juegos de práctica, lo ponían solo por fracciones de segundos a jugar, bloqueaba y lo volvían a sacar. Su papá, quien en ese entonces ya estaba de regreso e integrado a la sociedad, estaba muy molesto porque se había pagado una buena cantidad y esperábamos que él tuviera más participación.

Para ser honesta, yo estaba loca porque terminara la temporada. Habían comenzado ya los juegos oficiales y eran en un parque muy grande. Para entrar, teníamos que pagar la entrada, luego pasábamos dos o tres horas sentados mirando a mi hijo entrar y salir del juego sin verlo en acción. Era frustrante, pues sabíamos cuánto él se había esforzado.

Sorpresivamente, su equipo había llegado a la final y solo quedaba un juego más. Yo no podía estar más feliz: ¡por fin se terminaría aquello que parecía una tortura!

El domingo, antes del último juego, fuimos a la iglesia como de costumbre. Al final de la predicación, nuestro pastor tenía una cajita e invitaba a todos los que tenían una necesidad de oración que pasaran a depositar el papelito con su petición.

Ese domingo mi hijo se levantó de su asiento y caminó hasta llegar a la cajita para depositar su papelito. Todos nos quedamos sorprendidos, pues era un niño. En mi caso, me causó un trauma porque pensé que, si no se cumplía lo que él había pedido, perdería la fe en Dios.

Cuando se terminó el culto, comencé a preguntarle "sutilmente" cuál había sido su petición y por las primeras tres horas no logré que me dijera nada, así que cambié la estrategia y le hablé de que Dios no siempre contesta lo que deseamos o al tiempo que lo pedimos. Tanta fue mi insistencia, que finalmente él me dijo: "Mami, le pedí a Dios una oportunidad". Quedé fría. Era el último juego de la temporada y las probabilidades que de que él entrara a jugar dos minutos e hiciera un "touch down", era ninguna. Simplemente estaba pidiendo algo IMPOSIBLE.

Aunque volví a explicarle la forma de Dios "trabajar", él permanecía firme, así que, ante aquel acto de fe, solo me quedó orar para que Dios hiciera su parte y mi hijo no terminara con el corazón destrozado.

Llegó el día del gran juego y yo estaba nerviosa e inquieta. Cuando llegamos al parque, las gradas estaban llenas y la entrada era más costosa que de costumbre. Lo que más me sorprendió fue ver los diferentes medios de comunicación y las cámaras de televisión.

El papá de mi hijo estaba parado justo al lado de la verja que separaba al público del área de juego. Yo decidí sentarme junto con mi hija en unas gradas viejas que quedaban en un área apartada lejos del bullicio y el público.

Comenzó el juego y, como era de esperarse la participación de mi hijo siempre fue igual. Su posición era "wide receiver", así que entraba, bloqueaba y volvía a salir. Yo no sabía mucho de fútbol americano, por lo que para mí no tenía sentido.

El juego estaba por terminar: ¡gracias a Dios! estaban empate y apenas quedaban unos segundos para que cualquiera de los dos equipos anotase un "touch down". Los equipos se encontraban justo a la mitad del parque, el público estaba callado y en suspenso, en espera de lo que podía pasar. Yo estaba aún más nerviosa, pues lo que había imaginado estaba por pasar, tendría que ir a consolar a mi hijo.

Mi hijo volvió a entrar al juego e hizo la misma jugada de siempre, pero en esta ocasión algo cambió. De pronto, le pasaron el balón a otro jugador mientras él comenzó a correr directo al arco o a la línea de anotación. El público se puso de pie y comenzaron a gritar eufóricos. Yo comencé a correr con mi hija para tratar de llegar hasta donde él estaba. Cuando logramos llegar a mi hijo, lo llevaban cargado en hombros.

Comencé a llamarlo a gritos por su nombre hasta que miró para atrás, levantó su mano y con su dedo me hizo la señal del número uno y sonrió. Ese día sentí que la emoción me sacaría el corazón del pecho. Había visto el milagro que Dios había hecho. Mi hijo era la estrella de la noche: había anotado el "touch down" que había llevado a su equipo a ganar el título de campeones de la temporada. Cuando por fin pude abrazarlo, me dijo: "Te lo dije mami, ÉL me daría una oportunidad".

Al día siguiente, las noticas de deportes en la televisión hicieron un conteo regresivo de las mejores jugadas de la temporada en el estado de Florida. Mi hijo no quería despegarse del televisor y su papá le dijo: "Hiciste una jugada estrella, pero fue tu primera vez y seguramente no estarás en ese conteo, pero estoy seguro de que el año que viene si lo lograrás".

Aun así, él permaneció confiado frente al televisor. Cuando el conteo regresivo llegó a la jugada #1, mencionaron el nombre de la ciudad, y luego dijeron el nombre de mi hijo a gritos. Aquella jugada no solo llevó a su equipo a ganar, sino que fue la mejor de la temporada. Mi hijo, Josué, había alcanzado su sueño y ahora era reconocido y respetado por sus logros y yo había aprendido una gran lección de fe que recordaría toda la vida.

Desde ese entonces, él permaneció jugando fútbol hasta graduarse de cuarto año. Allí se destacó y recibió la invitación de quince universidades las cuales le ofrecieron becas para jugar con sus equipos.

Es importante que entendamos que la vida nos traerá miles de momentos que nos brindarán una oportunidad y con ella traerá retos grandes y difíciles, incluso unos que nos parecerán imposibles y otros que pondrán a prueba todas nuestras fortalezas, sin embargo, Dios tiene la capacidad y el poder de cambiar todas las circunstancias en segundos y sin siquiera mediar tiempo, lo que hará la diferencia es cuánto nosotros le creemos.

Mi hijo a la vista de todos estaba en desventaja, era el más pequeño, delgado y jamás había jugado. Sin embargo, él tenía lo más importante, la única llave que abre la puerta hacia el éxito y a un mundo de posibilidades: la fe.

La locura de creer que Dios puede cambiar la muerte en vida y la debilidad en fortaleza me mostraron que la carta del éxito se firma con la fe.

¿Cómo que si puedo? Para el que cree, todo es posible. - Marcos 9:23

CAPÍTULO 10

Despeinada

Seguramente este título les parecerá una locura, sin embargo, al final te darás cuenta de que tiene mucho sentido.

Me llena de mucha emoción poder compartir a través de este capítulo una historia que espero que sirva de inspiración para todos los que han perdido las esperanzas de cumplir algún sueño. En una ocasión, escuché a una persona decir que los sueños mueren cuando muere el soñador y estoy completamente de acuerdo.

En el 2015, luego de un año muy difícil, comencé a buscar trabajo en la isla. Después de solicitar por varias semanas, conseguí un trabajo en una compañía de seguros médicos. Luego de adiestrarnos, nos enviaron a la oficina donde tendríamos que reportarnos para comenzar a trabajar. El trabajo consistía en salir a diferentes empresas y ofrecer nuestro plan de salud o renovar los contratos de quienes ya lo tenían.

Había llegado el día de comenzar a trabajar, éramos un grupo de cuarenta personas y nos reportamos muy temprano en la mañana a las oficinas. Luego, nos pasaron a un salón y allí nos recibió la coordinadora, quien comenzó a darnos las instrucciones y le entregaba a cada uno su ruta.

De pronto, entró abruptamente una mujer molesta y preguntó usando palabras NO PROFESIONALES, qué hacíamos todavía allí y por qué no estábamos en la calle trabajando.

Todos, incluso la coordinadora, nos quedamos frizados ante aquella escena. Imaginamos que era la supervisora, quien ni siquiera se había presentado o había dado los buenos días. La coordinadora salió en nuestra defensa y le dejó saber que nos estaba dando las instrucciones, así que la señora, luego de decirnos que teníamos que avanzar, se fue y nos dejó a todos perplejos.

Yo estaba desesperada porque me dijeran hacia dónde tenía que ir para salir de aquella oficina lo antes posible. Para sorpresa mía, a las treinta y nueve personas les dieron una ruta y a mí me dejaron en las oficinas para dar "apoyo". A pesar de que sentí deseos de renunciar, sabía que necesitaba el dinero, así que decidí aceptar el reto, convencida de que no sería fácil.

Una semana después, la coordinadora fue enviada a otra oficina y a mí me tocó sustituirla. En otras palabras, yo estaba haciendo las funciones de coordinadora y eso me trajo muchos problemas con aquella supervisora que parecía odiar todo lo que la rodeaba.

No había forma de complacerla, ella estaba esperando la primera oportunidad de que me equivocara en el trabajo para despedirme. Me esforzaba todos los días para hacerlo excelentemente bien y eso provocaba que ella me detestara, por lo que todos los días se aseguraba de dejármelo saber. Para mí era un reto diario llegar aquel lugar. Me había convertido en la defensora de mis compañeros, quienes eran amenazados constantemente con perder sus trabajos.

En una ocasión, llegó uno de los jefes y ella parecía otra persona: estaba muy amable y dulce. Quedé impactada por la actitud tan diferente que tenía y esa misma tarde tuve que ir a su oficina y me pidió tomar asiento. Pensé inmediatamente "hasta aquí llegué", sin embargo, ese había sido un buen día porque no fue lo que yo esperaba.

En unos minutos, como en forma de desahogo, me contó su vida, cómo había sido engañada y maltratada, además de estar pasando por una situación muy difícil con su pareja actual. Cuando terminó, solo alcancé a hablarle de mi libro que se tocaba ese tema. Me cortó inmediatamente la conversación y me pidió que saliera de su oficina. Una semana después, me había cancelado el contrato.

Salí tan indignada de aquel lugar que hice lo único que sabía hacer para canalizar mi frustración y la ira que tenía: escribir.

Inspirada en la vida de aquella supervisora y en sus problemas evidentes sobre el mal uso del poder y la autoridad, escribí una conferencia sobre el maltrato emocional y la importante que es tener definida nuestra personalidad e identidad. Esta señora había sido víctima de maltrato y su comportamiento reflejaba lo lastimada que estaba su autoestima.

Eso me quedó muy claro cuando me pedía que les cancelara los contratos a personas que, a su entender, no tenían un físico agradable, eran pobres o simplemente no les gustaba su carácter o su personalidad. De más está decirles, que me opuse siempre y la persuadía para mostrarle lo productivas que eran esas personas y la dejaba sin justificación para llevar a cabo sus intenciones. Definitivamente, esto fue el detonante que provocó que perdiera mi trabajo.

Escribí una conferencia en menos de una hora y me sentí mucho mejor después de desahogarme. Además, tenía la esperanza de que algún día ella pudiera escucharla, entender que tenía un problema y que existía una forma de solucionarlo. Pienso siempre que podemos cambiar el mundo, solo hay que comenzar cambiando nosotros.

Ya tenía el material, solo me faltaba un título. Después de pasar algún tiempo buscando un título apropiado, recibí un mensaje en el celular con una tarjetita de Mafalda (es una tira cómica creada en Argentina la cual se preocupa por el bienestar de la humanidad) que decía: "Las cosas buenas de la vida despeinan". Ese sería el título de mi conferencia: *DESPEINADA.*

No soy una persona tradicional, por eso me dicen "Beba, la Loca", porque todo lo hago diferente. Así que este título me pareció perfecto, aunque para otros no parecía tener sentido. Mientras elaboraba en mi imaginación lo que quería lograr con la conferencia, recordé a dos amigas que, cuando nos juntábamos, éramos toda una locura.

Una imitaba a la perfección acentos de diferentes países y tenía un humor increíble que me hacía reír hasta en los peores momentos de mi vida. La otra también era muy talentosa, tenía un personaje de una viejita el cual llevaba a diferentes iglesias, personaje que nos mataba de la risa con sus ocurrencias y enseñanzas. Ambas tenían talentos que solo debían llevarse a otro nivel.

Como eran mis amigas, sabía que, si les preguntaba sobre mis intenciones con la conferencia, por lo menos una de ellas, me hubiera dicho seguramente que no y era muy comprensible. No es lo mismo pasar una tarde de chicas haciendo chistes, riéndonos y hablando de nuestras locuras, que presentarnos ante un público, así que se los hice más fácil: no les pregunté.

Le pedí a mi hermana, quien es artista gráfica, que sacara unas fotos de sus páginas de "Facebook" y las incluyera en la promoción de la conferencia.

Luego, les envié la promoción y, aunque les tomó por sorpresa, les encantó y aceptaron ser parte de esta locura que apenas comenzaba.

El próximo paso era promocionar la conferencia en las redes sociales, además de enviarla a diferentes empresas. Se podrán imaginar a quién se les envió la primera promoción, aunque lamentablemente nunca contestaron.

Luego de unos días, habíamos logrado varias invitaciones y la más importante, gracias a la ayuda de una amiga de la infancia, fue lograr ser parte de un evento que hace uno de los bancos más importantes en nuestra isla para la semana del Asistente Administrativo y Día de las secretaria. En este evento hay escenario, luces, sonido y, para amenizar, se invitan artistas renombrados y algún invitado especial como conferenciante.

Jamás imaginamos que *Despeinada* lograra ser invitada al evento y menos que arrasara de la forma que lo hizo. En el momento que subí al escenario, pasaron solo minutos para que el público pusiera a un lado sus celulares, rieran, lloraran y al final el banco les regalara mis libros.

Mis compañeras hicieron una labor excelente, fluyeron con naturalidad como si estuviéramos solo nosotras haciendo de las nuestras. El público quedó enamorado de los personajes, incluso cerraron el evento con la participación de la viejita.

Una vez terminamos, se me acercó la presentadora del evento, quien era una artista muy famosa y me dijo: "A mí me tomó muchos años de estudios prepararme para lograr lo que ustedes hicieron en apenas unos minutos, definitivamente debes llevar a *Despeinada* a otro nivel".

Esas palabras se me quedaron grabadas en la cabeza y luego de consultar con mis compañeras, decidimos llevarla a otro nivel. Haría una obra de teatro y no en cualquier teatro, tendría que ser en uno de los más reconocidos.

¡Estás loca! Eso era lo que la gente que me rodeaba me decía, tú nunca has actuado en un teatro, además, solo los artistas de renombre y mucha trayectoria logran llenar los teatros. Por otro lado, no tienes dinero. ¿Cómo lo vas a lograr?

Como mujer de fe, recordé el versículo que está en Filipenses 2:13 el cuál dice y parafraseo que "Dios pone el deseo como el hacer en el corazón del hombre para que hagan lo que a Él le agrada." Así que, convencida de que si era el plan de Dios él lo haría posible, continué con mis planes y no presté atención a ninguna de las "advertencias". En unas horas había transformado la conferencia en un guion para la obra de teatro.

Lo primero que hice fue comunicarme con una amiga que era productora de eventos, Lorena Galíndez quien tenía la experiencia y los contactos que podían ayudarme. Le presenté el proyecto (que le gustó mucho) y me dijo que haría unas llamadas y me dejaba saber.

Lo más importante era conseguir a alguien que aceptara hacer el evento y tuviera los permisos y las licencias para poder separar el teatro. No sé cuánto tiempo esperé por la llamada, lo que les puedo decir es que la ansiedad casi me mata. Cuando Lorena se comunicó, me tenía el contacto y la cita para encontrarme con una de las productoras más importantes en el ámbito del espectáculo. Se imaginarán los gritos de emoción y alegría que dimos.

Por fin, había llegado el día de mi esperada cita. Yo estaba super nerviosa y no era para menos: no todos los días te reúnes con una persona importante. Por otro lado, me preocupaba que en mi cuenta de banco solo tenía menos tres dólares y cincuenta centavos (-$3.50), para ser más clara, estaba en negativo. Ni siquiera tenía para pagar el estacionamiento y pretendía contratar a una de las productoras más importantes de la isla, de verdad que solo escribiendo esto tengo que aceptar que estaba totalmente loca.

Cuando llegué al área donde estaba el edificio, le di como cinco vueltas alrededor y no encontré un solo estacionamiento disponible. Eso me puso aún más nerviosa. Solo faltaban unos minutos para la reunión, así que decidí estacionarme dentro del edificio y luego me preocuparía de ver cómo pagaría el boleto.

Antes de bajarme del carro, oré y le pedí al Espíritu Santo que no me dejara sola. Cuando llegué a la oficina, me abrió la puerta la misma productora quien me estaba esperando. Pensé que la emoción me iba a dominar, sin embargo, hice un esfuerzo para actuar muy profesional. Lo primero que me pidió fue el boleto del estacionamiento para marcarlo y así no tener que pagar. ¡Vi la gloria de Dios! En esos momentos supe que él estaba allí conmigo.

Luego, me invitó a pasar a una oficina y una vez nos acomodamos, ella fue directo al tema y me preguntó: "¿Cuéntame que es **Despeinada**? Comencé a darle detalles sobre la trayectoria del libro y de dónde había surgido la idea de la obra y del mensaje que deseaba llevar al público". Luego de terminar, ella se me quedó mirando por unos minutos en silencio y me dijo: "Me gusta ayudar a las personas con proyectos como el que tú me presentas, que llevan un mensaje positivo al público, así que cuentas con nuestro apoyo ¡VAMOS A HACERLO!"

Cuando nos despedimos, yo no podía apretar el botón del ascensor porque los nervios me dominaron. Todo mi cuerpo temblaba, lloraba de emoción, alegría y también sentía mucho temor porque me preguntaba en qué me había metido. Aún no lo sabía, pero estaba segura de que la obra de teatro: *"Despeinada: Entre Risas y Vivencias"* llegaría a uno de los teatros más prestigiosos de nuestra isla Puerto Rico, el Teatro Alejandro Tapia y Rivera en el viejo San Juan. Solo las grandes estrellas llegaban a ese teatro y nosotras también.

Mi primera llamada fue a mis compañeras, quienes, entre gritos y emoción, no podían creer hasta dónde nos estaba llevando aquella locura.

Luego llamé a mi amiga Lorena, quien aceptó oficialmente ser la productora creativa de la obra. Aún me faltaba una persona clave para este proyecto: la relacionista pública. Esa es la persona que hace la promoción de evento. Lorena me recomendó a una persona que también era muy conocida en el ámbito del espectáculo y usualmente estaba muy ocupada con grandes eventos, por lo que no me aseguraba que pudiera trabajar con mi promoción.

Como definitivamente Dios iba delante, la relacionista pública aceptó reunirse brevemente conmigo. Para esa reunión estaba aún más nerviosa, ella era una persona muy determinante, no le gustaba perder el tiempo y sobre todo era muy exigente con su trabajo.

Cuando nos encontramos, luego de un saludo breve, ella fue muy enfática y me dijo que solo tenía quince minutos para que le dijera de que se trataba *Despeinada.* Le conté inmediatamente cómo lo había hecho todo con la productora y luego de escucharme en silencio y por mucho más de quince minutos, abrió su cartera, sacó su agenda y me dijo: "Comenzaremos con el "Media Tours" a finales del mes de junio. Me estaré comunicando y deberás seguir estrictamente todas mis indicaciones". Entonces, ¿aceptas el proyecto? -pregunte incrédula. A lo que ella, con una sonrisa, me contestó que sí y sin decir más, se marchó rápidamente.

Mientras les narro esta experiencia, la vuelvo a vivir y me emociono muchísimo. Recuerdo que cuando ella subió a su carro y se marchó, yo comencé a bailar frente a todos en el estacionamiento y a darle gloria a Dios.

Tenía el teatro de más renombre en la isla, la mejor productora y relacionista pública. Lo más increíble era que los servicios de estas dos personas costaban lo que pueden imaginarse, sin embargo, ambas me cobraron una limosna, pues reconocían que yo no tenía los recursos para costear lo que ellas valían.

Con la ayuda de mis dos compañeras y de Lorena la productora creativa, fuimos consiguiendo los auspiciadores y los fondos para costear los gastos. Además, coordiné unas clases privadas de actuación en una universidad con un gran profesor, comenzamos a prepararnos y a ensayar para el gran día.

En el libreto también tenía un personaje muy importante: el Ujier. Este personaje es quien complicaba toda la trama en la historia y la lleva a su desenlace. Este papel sería interpretado por un amigo que también había sido parte de todo el proceso de la producción de la obra.

A finales de junio de 2015, comenzamos la gira promocional por todos los canales de televisión, radio, presentaciones especiales, entrevistas de periódicos y todas las redes sociales, la cual culminó siendo un éxito como era de esperarse.

Por fin llegó el gran día: el 18 de julio de 2015, ***Despeinada, Entre, Risas y Vivencias*** estaba por subir a las tablas y demostrar lo que teníamos.

Todo estaba listo, la escenografía, las luces, el sonido, las pantallas para los videos y el público comenzó a llegar, las emociones tras bastidores eran terribles. Nuestro maquillista fue Johnny, un caballero quien trabajó por cuarenta años con Don Francisco y, como era de esperarse, se botó con nosotras.

No teníamos personal extra que nos ayudara como en otras producciones. Imagínense que el administrador del teatro, en el cambio de vestuario, fue el que me condujo hasta el escenario y recuerdo que me dijo: "No tienes casi personal, tu escenografía es simple, sin embargo, tengo que decir que esta pieza teatral es de las mejores se han presentado en este teatro".

La obra tiene una particularidad, están escritas las escenas en el guion hasta la penúltima escena, luego viene el mensaje que yo le doy al público y el cual jamás se escribe, ni se ensaya. El fluir del Espíritu Santo hace de ese, un momento único en el cual se tocan las fibras del corazón del público presente.

No hay palabras que puedan explicar lo que sentí cuando al final salimos a saludar y nos tomamos de las manos e hicimos la reverencia ante el público. Las cortinas cerraron y abrieron varias veces, el público eufórico se mantuvo de pie y aplaudiendo. Definitivamente, tengo que decir que este han sido uno de los momentos más gloriosos de mi vida.

El hacer esta obra de teatro fue un reto muy grande para mí, pues no tenía la experiencia ni los recursos económicos y no había comenzado como normalmente todos los actores lo hacen, desde abajo. Comencé desde arriba y eso hizo que fuera un proceso muy difícil y doloroso que incluso puso a prueba mi fe y mi fortaleza.

Nunca hubo dinero suficiente para comprar la ropa de la gira promocional, tuve que tomarla prestada. Para la escena final de la obra, que es la más importante, tuve que cambiar el libreto porque no tenía el dinero para comprar un vestido formal, así que salí con mi camisa de dormir de veinte años atrás llena de rotitos. Fui bombardeada constantemente con situaciones que solo me dejaban un camino abierto: cancelar y rendirme. Sin embargo, una fuerza muy dentro de mí no me lo permitió y decidí continuar.

Luego de aquellos aplausos, el telón se cerró por última vez. Habíamos logrado cosas increíbles, como ver a los ujieres repartiendo al público pañuelos desechables para secar sus lágrimas y recibir el mensaje de felicitaciones de la productora por el gran trabajo realizado. Además, esa noche aquella publicista enfática, comprometida y ocupada, había llegado a ver el final de la obra y fue ella quien, llena de lágrimas, me recibió cuando me despedí del público y salí del escenario por última vez.

Cuando salimos del teatro, fue increíble la fila de personas que esperaba para felicitarnos y sacarse fotos con nosotros. Para mí, el logro y la satisfacción más grande de la noche fue escuchar dos personas que confirmaron que todo aquello que parecía una locura, había valido la pena.

Al salir, un hombre se me acercó y me dijo que él no creía en Dios y esa noche yo lo había hecho pensar en él. Otra dama, de algunos setenta y cinco años, me dijo: "Mi sueño siempre fue bailar ballet, voy a buscar un lugar para tomar las clases porque usted tiene razón, hasta nuestro último suspiro debemos luchar por cumplir nuestros sueños".

Esa noche habíamos logrado cosas maravillosas, sin embargo, llegó una tristeza inmensa a mi corazón. Mis compañeras, por razones personales, ya no continuarían conmigo en este camino que apenas comenzaba.

Pensé que no volvería a hacer la obra hasta que un día alguien me dijo: "No te detengas, escribe una nueva historia, busca nuevos actores y no dejes que *Despeinada* muera".

Desde ese día, entendí que el éxito de *Despeinada* no dependía de mis compañeras o de mí, sino de llevar un mensaje que invitara al público a reflexionar y a hacer cambios. Además, de enseñar a través de mi ejemplo y mis testimonios que Dios es real y que su poder es capaz de transformar lo que nosotros creemos que es el final, en un hermoso comenzar.

Otra vez me senté a escribir un nuevo libreto y la historia fluyó como si me la dictaran al oído. Mi primer personaje fue Don Cholo, quien era un viejo cascarrabias, nacido y criado en una montaña en el pueblo de Jayuya, Puerto Rico. Este viejo era cascarrabias por todos los procesos difíciles y dolorosos que tuvo que pasar como no poder cumplir su sueño de convertirse en un gran abogado, pues desde niño lo sacaron de la escuela para que trabajara (esta parte fue inspirada en la vida de mi papá). Además, su única hija murió mientras daba a luz y a consecuencia de ese dolor, su esposa pereció, por lo que quedó viudo y a cargo de su nietecita.

Su mal carácter, el amor y la sobreprotección de su nieta fueron la combinación perfecta para llevarlo, sin él saberlo y desearlo, a un maltrato emocional.

La nietecita era un personaje hermoso quien por las circunstancias de la vida no había conocido a sus padres ni a su abuela, sin embargo, había crecido con el amor incondicional de su abuelo. Quise buscar un nombre que tuviera un significado que le diera sentido a este personaje, así que elegí el nombre de "Macaria", cuyo significado es **bendecida**. Exactamente, esa es la forma de describir este personaje que emana inocencia y que, por agradecimiento y amor, vive para cuidar y complacer a su abuelo. Macaria no tiene celular, ni sale con amigos, viste como jibarita y estudia para abogada, pues es lo que a su abuelo le gusta.

También, en el guion tenemos nuevamente al Ujier. Este personaje, como les mencioné, es clave porque es el que provoca el desenlace de la historia y le da continuidad a la obra.

Por último, esta mi personaje, el de Doña Beba. Como en la primera obra, soy una conferencista que en esta ocasión lleva un mensaje que habla de la actitud que debemos tener ante los procesos y lo importante que es cumplir nuestros sueños. Estos temas no le gustaron a Don Cholo, quien de regalo de cumpleaños complació a su nieta y la llevó al teatro pensando que se trataba de una conferencia sobre el cuidado del cabello.

El dramaturgo debe estar muy seguro de que la historia que se escribe impactará al público y en mi caso, cuando termino de escribir el libreto, me gusta leerlo desde el principio sin interrupciones. Si me hace reír, llorar, me emociona y lo disfruto y al final doy un grito de victoria como si hubieras escalado el Monte Everest y logré llegar a la cima, entonces definitivamente la obra será un éxito. Exactamente así fue. Quedé perdidamente enamorada del libreto.

Luego de tener el libreto, viene la parte más complicada: encontrar los actores que le den vida a los personajes exactamente como yo los imaginé. En mi caso, mientras voy escribiendo hago las voces de los personajes, así que, en mi imaginación, ya los tengo creados y sé exactamente en el tono y en la forma que deseo que se expresen, así que esto es lo que lo hace complicado.

Un amigo me había recomendado a una excelente actriz de teatro, Roxana Miranda, la cual tuve la oportunidad de conocer y saludar en una ocasión. Sin perder el tiempo, me comuniqué con ella, le hablé del proyecto e inmediatamente se enamoró del personaje de Macaria. Durante nuestra primera comunicación, nos reímos y descubrimos que teníamos una química increíble, algo que definitivamente era muy importante.

Le hablé del personaje de Don Cholo y le pregunté si sabía quién, entre sus compañeros actores, podía interpretarlo. Me habló inmediatamente de su novio y me lo recomendó, el actor Wilfred J. Lugo.

No había tiempo que perder, así que coordinamos para cenar y conocernos. Llegamos al restaurante y ella, muy efusiva, me saludó mientras que su novio, Wilfred, sonrió tímidamente. Mientras cenábamos, hablamos de los planes que yo tenía con la obra la cual es una fusión entre la risa y la reflexión. Luego, comencé a contarles algunas de mis locuras las que quería compartir con el público y mientras Roxana se quedó con el restaurante con sus risas, su novio sonreía muy parcamente.

Sabrán que salí de allí frustrada, el hombre apenas se reía mientras Roxana y yo moríamos a carcajada de todos los cuentos que hacíamos. Definitivamente, su sentido de humor estaba muy lejos de lo que yo buscaba para el personaje. Yo no quería un actor que hiciera el papel de comediante, yo buscaba un comediante que hiciera el papel de viejo.

Salimos en una segunda ocasión a cenar y a pesar de que Wilfred estaba un poco más relajado y tuvo más participación en la conversación, su sentido de humor seguía sin revelarse. Cuando salimos del restaurante, le envié un mensaje a Roxana. Le dejé saber que no me parecía que Wilfred estuviera interesado en el personaje. Ella quedó en hablar con él y dejarme saber.

Les confieso que estaba ansiosa porque contestara y me dijera que no estaba interesado para conseguir a otra persona. Por otro lado, imagino que no fue una decisión fácil para él, yo había hecho solo una obra de teatro y no tenía trayectoria, ni experiencia en el mundo del espectáculo.

Por fin, recibí el mensaje tan esperado y en el cual me decía que Wilfred estaba dispuesto aceptar el papel y que estaba muy contento con la oportunidad. Les confieso que fue como si me cayera un balde de agua fría por la cabeza. Si me resistía, podía perder a Roxana, que me encantaba para el personaje de Macaria, y si le daba la oportunidad a su novio, podía fracasar la obra. Alguien muy cerquita de mí y con el corazón de Jesús me dijo: "Si Dios te los puso a ellos dos para los personajes, entonces todo será perfecto".

Confiando en que Dios sabía lo que hacía, días después hicimos algunas pruebas de maquillaje para darle forma a los personajes. Además, teníamos que ir a grabar unas escenas exteriores en el pueblo de Jayuya.

Estas escenas requirieron que nos quedáramos de una noche para otra todos juntos en una hacienda hermosa en el pueblo de Jayuya. Para la grabación, estarían presentes mi representante, el camarógrafo, mi compañero, Roxana y Wilfred.

Está de más decirles que ese proceso de integración fue al principio un poco incómodo y Wilfred lo hacía más complicado, pues él era muy exigente, organizado y perfeccionista, algo que era de esperarse de un profesional que sabía lo que hacía. Mientras para mí, todo era nuevo y ni idea tenía de lo que estaba haciendo.

Al día siguiente, llegamos a una de las localidades a grabar los visuales. Era un lugar turístico por lo que había muchas personas alrededor, quienes hacían más complicado e incómodo el poder grabar. Mientras yo estaba con mi representante y el camarógrafo preparándonos para la grabación, de pronto escuchamos a lo lejos una voz de una persona mayor regañando y gritándoles cosas a las personas y esto venía acompañado con muchas risas. Caminamos lo más rápido que pudimos y cuando llegamos ahí, vimos el personaje de Don Cholo salir y acaparar la atención de todo el público que lo recibió con mucha alegría.

Reí, lloré y di una y otra vez gracias al Creador y aún en estos momentos lo sigo haciendo. Dios me había puesto en el camino a los actores perfectos para darle vida a Don Cholo y a Macaria. Roxana Miranda es actriz, profesora de

Teatro, improvisadora, tallerista y Wilfred J. Lugo es actor, director técnico, profesor de Televisión, Teatro y Danza.

Además de sus funciones como actores de la obra, ambos complementan la producción en muchas otras áreas. Roxana hace el maquillaje escénico y la transformación de Wilfred en el viejo. También, Wilfred es el director y coordinador de toda la producción. Definitivamente, Dios sabía con exactitud por qué estaba cruzando en mi camino a estas dos personas que se enamoraron del concepto y del mensaje de la obra y se unieron conmigo en la misma visión y misión de transformar corazones a través de la obra *Despeinada*.

Para el personaje del Ujier, nunca me preocupé porque desde el primer momento sabía que mi mejor amigo y hermano, Josean Espinosa, quien es locutor y fotógrafo profesional, haría sin ningún problema el papel. Josean tiene carisma, imaginación y es un humorista natural. Además de su función actoral, él es la voz de todos los videos que se corren en la obra y de las promociones.

Además, hubo una persona que, aunque no es actor, es mi compañero del alma y él también pasó a ser parte esencial en este proyecto. Su labor es clave dentro de la producción y, además, es el regidor de la obra. Él completa este equipo excelente que hacen de esta pieza teatral, una única en su clase.

El sábado, 8 de abril del 2017, en el Teatro Alejandro Tapia y Rivera, volvió a subir a escena *Despeinada 2*, superando todas las expectativas. *Despeinada* fue un éxito, el público y la prensa se enamoraron de los personajes. La química que habíamos logrado en los ensayos y el arduo trabajo pudo ser percibido por el público en el resultado de esta pieza teatral.

Esta obra de impacto social lleva un mensaje divertido y muy emotivo. Nuestra misión es hacer que el público salga transformado y determinado a hacer cambios, cumplir sueños y sobre todo, con deseos de conocer más de Jesús.

En los últimos años, la obra ha sido presentada en Puerto Rico y en Estados Unidos. Ha acaparado la atención y la crítica positiva de la prensa y de las redes sociales. *Despeinada, Entre Risas y Vivencias* seguirá presentándose en todos los países y lugares que Dios determine.

¿Qué hubiera pasado si yo hubiera ido en contra de aquella supervisora? ¿Cómo sería mi vida si hubiera decidido odiar, vengarme y hacer justicia por mis propias manos?

Ningún proceso llega a nuestras vidas para destruirnos. Si tenemos la actitud correcta, lo habremos superado y estaremos listos para llegar a otro nivel.

Cierro este capítulo honrando y agradeciendo a todos los que de alguna manera ayudaron, aportaron y dieron de su tiempo para *Despeinada*. Estoy agradecida infinitamente con mis amigas que fueron las pioneras valientes que se arriesgaron y me apoyaron con esta locura que nos abrió las puertas hacia el éxito.

Gracias a todos los que detrás del telón han sido los héroes, han hecho un trabajo excepcional y sin casi ninguna remuneración económica, solo por amor.

Y a ustedes mis despeinados, solo Dios sabe lo que nos ha costado luchar y prepararnos para llevar a *Despeinada* al corazón de todos los que han perdido la fe, los que han sido tan golpeados por los procesos que pensaron rendirse y a todos los que creyeron estar solos en este caminar que se llama vida. Gracias por no haberse rendido y por dar más de los que se les requería, ustedes han logrado tocar el corazón de Dios y el mío. Les estaré eternamente agradecida.

Y a ti mi Dios, solo puedo decirte que jamás alcanzaré a entender tus pensamientos, tu amor, tus designios y mucho menos tu forma de trabajar. Sin embargo, a través de todas estas experiencias aprendí que tú eres el director de esta obra que se llama vida y en la que todos nosotros somos los protagonistas.

Y a ti que me lees, *Despeinada Entre Risas y Vivencias* te dice que las cosas buenas de la vida despeinan. ¡Deja que la vida te despeine!

La locura de confiar en los planes de Dios me llevó a entender que sus caminos siempre son perfectos.

¿No saben que en una carrera todos los corredores compiten, pero solo uno obtiene el premio? Corran, pues, de tal modo que lo obtengan. - 1 Corintios 9:24

CAPÍTULO 11

Mi príncipe azul

Desde el comienzo de este libro, he estado compartiendo con ustedes diferentes experiencias y testimonios y, sin temor a equivocarme, puedo decir que mientras yo respire todos los días tendré una historia nueva que contar.

Como ya saben, mi sueño más anhelado siempre fue encontrar mi otra mitad, mi príncipe azul y, luego de muchos intentos fallidos, llegué a pensar que el amor no se había hecho para mí. Me costó mucho entender que el amor verdadero no se busca, simplemente llega.

Cometí todos los errores que un ser humano puede cometer. Fui capaz de escuchar las palabras de la boca de quien decía amarme y apagar la voz de mi conciencia en mi interior. Nunca tuve problemas para tener lo que deseaba, sin embargo, el resultado siempre fue el mismo: era como espuma entre los dedos.

Pero un día, cuando menos lo esperaba, todo cambió. Mi mirada se cruzó con la de un ser humano muy especial. Para mí, era algo fuera de lo común y diferente. Me sentía hasta extraña, pues no era una imagen de "Facebook" o "Instagram", él era real y estaba justo frente a mí.

Cuando nos conocimos, hablamos solo por unos minutos y fueron suficientes para continuar mi camino con su imagen grabada en mi cabeza. Parecía una locura, pues apenas nos habíamos mirado.

Volvimos a encontrarnos por razones de trabajo y, con el tiempo, nos hicimos amigos. Teníamos muchas cosas en común, pero hubo algo que no me agradó mucho y era su edad, pues era menor que yo. Por otro lado, él estaba en medio de un proceso que hacía que las cosas fueran más complicadas.

Con el tiempo, todo fue cayendo en su perfecto lugar y los sentimientos fueron creciendo mutuamente y eran tan fuertes, que no tengo palabras que lo puedan explicar. Cuando menos lo imaginamos, ya estábamos completamente enamorados.

Esta relación era totalmente diferente. Por primeva vez, tenía a mi lado a un hombre que era capaz de aceptarme tal como soy, con mi pasado, mis fracasos y mis éxitos. Una persona que me respetaba, me admiraba y que me escucha pacientemente. Es quien disfruta de mis locuras y llora con mi dolor.

Con su humildad y sencillez, logró ganarse el corazón de toda mi familia y mis amigos, pero la cualidad que hizo que se apoderara de mi corazón para siempre fue su amor por Jesucristo. No era necesario recordarle orar u obligarlo a leer la palabra. Cada instante agradece al Creador y aún las cosas más simples y sencillas las consulta con el Espíritu Santo.

Él llegó a mi vida y, sin exigirme o imponerse y sin necesidad de subir su tono de voz, logró que yo cambiara y me transformara en la mujer que soy hoy.

Siempre había escuchado un refrán que decía "quédate con quien te hace mejor persona" y exactamente eso hice. Me quedé con quien único me hizo creer en el verdadero amor y esto definitivamente era un milagro.

Cuando has sido herida, maltratada y engañada de la forma que yo lo fui, es difícil poder confiar y pienso que esa fue precisamente la razón por la cual se me hacía tan difícil mantener una relación.

Después de algunos meses de relación, nuestros hijos se conocieron. Fue una sensación extraña, se sentía como si hubiéramos estado juntos toda una vida. Nuestros mejores momentos han sido disfrutar junto a ellos.

Mientras escribo estas líneas recuerdo que mucho antes de este encuentro, una persona me preguntó: "¿Cuándo oras le detallas a Dios cómo deseas que sea ese compañero para tu vida?" La realidad es que no, le contesté. "Entonces, ¿cómo Dios sabe lo que realmente quieres?" Bueno, Dios es Dios y él conoce el corazón y sabe lo que deseamos, entonces me dijo: "Sí, tienes razón, pero él quiere saber si tú sabes lo que tú quieres".

Luego de aquella conversación, corrí a escribirle a Dios las especificaciones de cómo yo quería que fuera mi príncipe azul. Eso pasó hace mucho tiempo y no recuerdo exactamente todo lo que escribí. Sin embargo, estoy segura de tres cualidades que para mí eran las más importantes: que tocara piano, que fuera adorador y la más importante, que amara a Dios sobre todas las cosas.

Increíblemente, a la mitad de mi vida y cuando ya me había rendido ante todos los intentos fallidos, Dios me cumplió mi petición. Me trajo al adorador, músico, pues toca guitarra y piano, y lo más importante, Dios es su razón de vivir y de no rendirse.

Estoy segura de que debes estar pensando que estoy exagerando y que lo describo de esa forma porque estoy perdidamente enamorada y tienes razón. Sin embargo, Dios trajo a mi vida una de sus creaciones más especiales y maravillosas.

Una de las señales más importantes que me confirmó que él era la persona ideal, fue su seguridad en sí mismo. Toda mi vida estuve en relaciones enfermizas en las cuales los celos y el control de mi pareja terminaba destruyéndolo todo. Me quitaban libertad y controlaban todo lo que hacía.

En mi época de "buscar" a la persona ideal, compartí con alguien que en algún momento llegué a pensar que era el que tanto había esperado. Sin embargo, él era extremadamente celoso, cosa que no era nada bueno si estás con una persona como yo. Hubo una situación entre nosotros que fue dañando la relación y eran sus celos enfermizos por mis dos amigos, que considero como mis hermanos, y quienes llevan muchos años junto a mí: Josean y Landy.

Esta persona no me permitía tener contacto con ellos y todo el tiempo me peleaba hasta que un día terriblemente molesto me dijo: "Elige, ¿o ellos o yo?" ¿Ya saben a quiénes elegí? Sin embargo, este hombre increíble que Dios me trajo, una vez conoció a mis amigos, la amistad que nació entre ellos se hizo más fuerte que la mía. El amor y esa relación de hermandad entre ellos fue una gran confirmación y enseñanza de quien te ama y respeta, confía en quienes son importantes para ti.

Este hombre maravilloso no era perfecto, yo tampoco. Sin embargo, con el tiempo y mi experiencia, aprendí algo muy importante: hay que enamorarse primero de los defectos y luego de las cualidades. Si descubres que puedes vivir con sus defectos, entonces es la persona ideal para ti. Si por el contrario estás pensando que las cositas que NO te gustan puedes cambiarlas con el tiempo, entonces tengo que decirte que tu relación tiene poca probabilidad de salir adelante.

En nuestra relación, aunque tenemos muchas cosas en común, realmente en personalidad somos muy diferentes. Él es sumamente pausado, tranquilo, no se enoja fácilmente, centrado y todo lo analiza detenidamente. Yo soy todo lo contrario, soy impulsiva, despistada, independiente y no tengo nada de paciencia. Mientras yo voy a cien millas por horas, él va a cincuenta.

Yo soy comediante, así que ya se imaginarán cómo me paso haciendo bromas y molestándolo. ¡Pobrecito de él! Siempre le digo que cuando Cristo venga, espero que él esté fuera de la casa porque si está adentro, no va a llegar a tiempo y lo van a dejar. Él se ríe muchas veces y otras simplemente me ignora.

En una ocasión, fuimos a una tienda por departamentos y él siempre caminaba detrás de mí a varios pasos de distancia, cosa que a mí me molestaba. Así que, molesta, un día le pregunté: "¿Por qué siempre te quedas atrás mientras caminamos en las tiendas?" Él me contestó: "Mi amor, porque estoy recogiendo todo lo que tú tumbas cuando pasas". Casi muero de la risa.

Él es mi amigo, mi confidente y mi cocinero y esta parte me encanta, pues Dios me dio muchos talentos y ese creo que se le olvidó. Imagínense que en la iglesia hicieron una actividad en la que los caballeros estarían haciendo una construcción y las damas tenía que ayudar en la cocina. Ese domingo había algunas trescientas personas en la iglesia y el pastor dijo: "Damas, a ustedes les toca alimentar a los caballeros, traigan sus mejores platos. Beverly a ti te tocan los platos y los vasos plásticos porque gracias a Dios los tienes que comprar y no cocinarlos". Se imaginarán como la iglesia entera casi muere de la risa, así que hasta en eso Dios me cuidó. Me envió un chef personal, aunque no estoy segura si lo hizo por mi bien o por el de él.

Hemos vivido en poco tiempo, miles de momentos hermosos, pero también hemos sufrido y pasado por muchos procesos dolorosos. Uno de los momentos en que pude ver el inmenso amor que este hombre tenía por mí y por mi familia fue cuando no podíamos costear el pago de una enfermera para mi mamá que estaba encamada y él se ofreció a cuidarla. Fueron muchos meses que él la cuidó con amor y paciencia.

Una mañana mientras estaba en mi trabajo, recibí una llamada de él y me pidió que regresara a la casa porque mi mamá se había puesto malita. Me volví como loca, sé que en la oficina trataron de detenerme, pero yo necesitaba desesperadamente llegar al lado de mi mamá. No sé cuánto tiempo me tomó llegar desde el pueblo de Guaynabo a Caguas, pero cuando llegué, él me estaba esperando con el portón abierto. Le pregunté si había llamado a la doctora, mientras corría hasta la habitación.

Allí estaba mi mamá inconsciente, entre lágrimas y desespero comencé a decirle que la doctora venía de camino que todo estaría bien. De pronto, él me tomó de las manos y mirándome a los ojos me dijo: "Mi amor, tu mamá ya partió con el Señor". Ante aquel dolor inmenso que me dominó, sus brazos me sostuvieron y junto a mí lloró.

Él me ha sostenido fuertemente cuando los golpes de la vida me han golpeado, me muestra mis áreas débiles y junto a mi ora cuando necesitamos encontrar el camino. Esto es lo que define una relación verdadera y bien cimentada.

No sé si tú que me lees tienes esa pareja que completa tu vida o como yo alguna vez estuve, aún estás en espera de esa persona especial. Si es así, haz lo que yo hice: ve donde Dios y descríbele cómo deseas ese ser especial para tu vida. No importa que pasen los días o los años, Dios lo traerá a tu vida en el momento perfecto.

Enamórate de sus defectos y disfruta las diferencias entre ustedes que al final harán que la relación no sea monótona, ni aburrida, para que así valoren cada instante juntos.

Cuando reflexiono sobre mi vida pasada, tengo que decir que Dios me dio mucho más de lo que merecía y aunque estos últimos años han sido muy difíciles, también han sido los más hermosos de mi existencia.

Ese hombre se llama Omalier y juntos hemos bailado bajo la lluvia, hemos visto cientos de amaneceres y puestas de sol. Hemos estado en medio de un bosque cantando con un guitarra y también, nos hemos bañado en el río. Hemos pasado largas horas en silencio mirando el mar y muchas otras leyendo la palabra. Hemos viajado y conocido otras culturas. Hemos cenado bajo las estrellas con velas, música, y un plato con arroz y huevo frito, pero también hemos disfrutado de una cena en algún hermoso restaurante. Hemos estado sin un solo dólar en el bolsillo y también hemos tenido tiempos prósperos y en ambos hemos agradecido y hemos sido inmensamente feliz.

Cuando estás al lado de la persona ideal, no existen momentos grandes o pequeños, todos son perfectos y maravillosos.

Yo soy hija del Rey de los cielos y eso me hace ser una princesa, no sé cómo alguna vez pude dudar que existiera un príncipe azul para mí.

La locura de creer que Dios toma tiempo para leer mis notas me demostró que mis deseos son una oportunidad, para él manifestar su amor incondicional y su gloria sobre mí.

Pondrá de nuevo risa en tu boca y gritos de alegría en tus labios- Job 8:21

CAPÍTULO 12

Resiliencia

Pasé toda una noche con una palabra que me rebotaba en la cabeza una y otra vez. Desperté en la madrugada, fui a tomar agua y regresé a dormir. Otra vez la palabra se repetía sin detenerse hasta el desespero. Esta vez, me levanté y corrí a escribirla, pues no quería que se me fuera a olvidar, algo que sería imposible. Luego busqué su significado, entonces entendí que el Espíritu Santo me estaba contestando una oración que yo llevaba haciendo varios meses. Parece que la cantidad de veces que le pregunté, fueron las mismas que me contestó. Resiliencia, esa es la palabra que Dios me dio para el título de este capítulo.

La resiliencia es la capacidad de poder adaptarse a los cambios estresantes de la vida y "recuperarse" de las dificultades. La resiliencia es una respuesta a la tragedia, la crisis u otros cambios que alteran la vida y que nos permite seguir adelante a pesar de la pérdida o el dolor. Hay varios tipos de resiliencia: la familiar, la social, la comunitaria y la humana.

En la vida todos pasaremos inevitablemente por momentos de dificultad, dolor y perdida y van a requerir de nuestro esfuerzo, fortalezas y determinación. Este es un tema que yo domino a plenitud, no solo por mis experiencias personales, sino por las de mi familia.

Desde el comienzo de este libro, he estado compartiendo todo tipo de experiencias y testimonios porque sé que es la forma en la cual puedo demostrar que, según estamos expuestos a situaciones dolorosas o difíciles, de la misma forma Dios nos ha capacitado para superarlas, salir fortalecidos y trascender.

Definitivamente, mi familia y yo somos resilientes y estoy segura de que tú también. Si haces memoria, recordarás todos los procesos por los que has pasado y en los cuales descubriste capacidades y fortalezas que ni siquiera sabías que tenías.

Mis hijos me han dado cátedra de lo que es ser resilientes, debe ser porque tuvieron una buena maestra. No lo digo para vanagloriarme, pero ellos siempre vieron una mamá que tuvo muchos deseos de rendirse, pero nunca lo hizo porque sabía que ellos me observaban. Así que la única opción que me quedó fue confiar en Dios, ser fuerte y resistir.

Mi primer hijo es un varón. Su nombre es Jonathan y con él aprendí a ser mamá. Siempre fue un niño super activo, no había forma que se detuviera ni un solo instante. Sin embargo, había momentos en los que se hacía un silencio en la casa, de esos que inmediatamente te hacen pensar que algo malo estaba haciendo, así que yo salía corriendo a buscarlo y casi siempre lo encontraba jugando con mi Biblia.

En aquel entonces, las páginas de las Biblias eran bien finitas y cuando las pasabas, hacían un sonido peculiar. No importaba dónde la guardara, ni cuán alto la pusiera, él se las ingeniaba para encontrarla, alcanzarla y luego la ponía sobre sus piernas y con mucho cuidado, comenzaba a pasar las páginas.

Un día mi papá me dijo: "Jonathan será pastor". Mi papá era cristiano, así que era lógico que dijera algo así. Hoy día, daría todo porque mi papá estuviera vivo y pudiera ver a su nieto predicar. Mi hijo es evangelista y su misión es llevar la palabra de Dios a la humanidad. Día y noche mi hijo escudriña la palabra y no se separa de su Biblia.

Cuando mi papá declaró que mi hijo sería pastor, en este caso evangelista, nunca dio detalles de lo doloroso y difícil que sería alcanzar esa meta. No era suficiente su pasión por la palabra, había un proceso que pasar.

Mi hijo ha vivido momentos muy difíciles que un día llegué a pensar inevitablemente que se rendiría. Sin embargo, sacó fuerzas y como un buen guerrero resistió hasta que logró levantarse.

En una ocasión, lo vi pasar treinta y tres días tomando solo un sorbo de agua al día. Vivíamos en una finca y en la parte de atrás había un "bunker" para meterse en caso de tornados. Fue en ese lugar donde él se encerraba por largas horas y días para orar, clamar y batallar con una situación que aparentaba ser más fuerte que él.

Como mamá, no se imaginan lo que sufrí. Muchas veces lo único que podía hacer era sentarme en la parte de afuera del "bunker" y, mientras lo escuchaba llorar y clamar, yo oraba. Hay momentos en la vida en los que lo mejor que puedes hacer es no hacer nada, solo clamar a Dios.

Cuando mi hijo salió de aquel proceso, apenas tenía un poco de piel sobre los huesos. Había perdido mucho peso y en sus ojos se reflejaba su dolor y el agotamiento físico.

No pasó mucho tiempo cuando mi hijo fue nombrado formalmente como evangelista, uno de los más jóvenes en su concilio. Su testimonio es su herramienta más poderosa para mostrar que muchas veces es necesario rendirse a los pies de Dios y dejar que sea él quien cambie nuestras circunstancias y a pesar de nuestra oposición, nos haga comenzar de nuevo y escribir una nueva historia.

Hoy día, mi hijo tiene una vida hermosa. Dios le dio más de lo que él jamás imaginó. Tiene una esposa y unos hijos maravillosos, su hogar y un ministerio que cada día lo pone a prueba, sin embargo, como resiliente y hombre de fe, él sabe que Dios le ha dado la capacidad de superar todo.

Luego de mi hijo, nació mi hermosa hija, Beverly Ann. Desde antes de nacer, estuvo en procesos difíciles y muy dolorosos. Tengo que aceptar que pensé que no tendría las fuerzas para superarlos. Ella es otro gran ejemplo de lo que es la resiliencia.

Desde que mi hija nació, su vida fue un reto. Cuando nació, estuvo en intensivo por varias semanas y logró sobrevivir. Desde pequeña fue tímida, no le gustaba interactuar con las personas y sus mejores momentos eran con sus mascotas. Con los años, se convirtió en una mujer muy alta y fuerte (heredado de su padre). Nadie puede creer que yo sea su mamá, pues físicamente somos muy diferentes.

Después de graduarse de escuela superior, conoció a este joven de familia cristiana en Chicago mientras estaba en la universidad. Se enamoraron y luego de un tiempo, se casaron. Después de la boda, ella se mudó para Chicago con su esposo.

Pasado un año, quedó embarazada de su primer bebé. ¡Se imaginarán lo felices que estábamos! Casi todos los días hablaba con ella por teléfono y siempre me decía que dormía sentada en una silla reclinable, pues no soportaba el dolor que le daba. Yo le decía que consultara con su médico, sin embargo, las mamás primerizas comienzan a sentir diferentes tipos de dolores y sensaciones extrañas porque su cuerpo está cambiando y se está preparando, así que para mí era algo normal.

Llegada la fecha para su parto, viajé a Chicago para estar en su proceso. Los dolores habían continuado durante todo su embarazo y su médico no encontraba nada fuera de lo normal. Un día tenía algunas contracciones y sintió que se le había roto la fuente.

Muy nerviosos y emocionados, salimos para el hospital. Luego de un tiempo, la enviaron de regreso a casa porque había sido una falsa alarma, no había roto la fuente. Tres días después, ya las contracciones estaban cada cuatro minutos, regresamos al hospital y en esta ocasión, estaba en trabajo de parto.

Su doctor estaba de vacaciones, pero había dejado a un médico sustituto que aún no había ido a examinarla, aunque las enfermeras se mantenían en contacto con él. De pronto, las palpitaciones del bebé comenzaron a bajar. Las enfermeras se comunicaron con el doctor, quien dio instrucciones de romper la fuente y administrarle pitocina para inducir el parto. Cuando las enfermeras fueron a romper la fuente, de pronto se miraron entre ellas y preocupadas nos dijeron, que mi hija no tenía agua, o sea, desde hacía tres días había roto la fuente, situación que puso a todos a correr.

Fue una experiencia traumática. El doctor sustituto llegó tarde en medio del proceso de pujar. Luego de pedirle que pujara algunas cuatro veces, se puso de pie y salió de la habitación diciendo que regresaría después y se marchó. La enfermera corrió detrás de él, pues era obvio que él bebé estaba por salir, mientras tanto nos quedamos el esposo de mi hija y yo solos con ella.

Podrán imaginarse la tensión que ella tenía y ni hablar de mí, yo estaba a punto de desmayarme. De pronto, mi hija comenzó a gritar "ya viene, ya viene". Cuando vi la cabecita asomarse, salí corriendo a buscar ayuda y encontré a una enfermera que literalmente empujé hasta la habitación y justo cuando entró, ya el esposo de mi hija había hecho el trabajo y ella solo agarró al bebé.

Gracias a Dios el bebé estaba muy bien de salud y muy hermoso. Como media hora después, el doctor regresó con una sonrisa burlona y nos dijo: "¿Comenzaron la fiesta sin mí?" Si hubiera podido, le hubiera caído a golpes.

Unos días después, regresamos a la casa y mi hija se quejaba del mismo dolor. En esta ocasión, pensamos que era por el trauma y lo doloroso que había sido su parto. Un día se levantó muy lentamente y fue hasta la cuna del bebé, lo tomó entre sus brazos, lo besó y lo volvió a poner en su lugar y me dijo: "Mami, cuida de mi hijo por favor, yo me estoy muriendo". Cuando la miré, estaba totalmente pálida y su piel estaba fría.

No se pueden imaginar mi reacción ante aquellas palabras: ¡me volví loca! Su esposo estaba trabajando, así que busqué a un vecino quien la llevó al hospital mientras yo me quedé con el bebé. Unas horas después, encontraron que tenía piedras (cálculos biliares) en la vesícula y una de ellas estaba atravesada, bloqueando y provocando una inflamación severa de algunos de sus órganos internos.

Ese había sido su dolor durante toda su maternidad. Tenían que operar inmediatamente, pero había que hacerle un estudio que requería ingerir un líquido, eso no le permitiría volver a lactar a su bebé. Mi hija se resistió la operación. Ella no quería dejar de lactar a su bebé, así que todos los días se extraía la leche materna y me la enviaba. De igual forma, todos los días le hacía llegar la ropita que le quitaba al bebé para que ella pudiera olerla y de alguna manera sentir que estaba cerca de él.

Nos veíamos por cámara y llorábamos juntas. Yo le rogué que se dejara operar, pues no tenía sentido que su hijo se quedara sin su mamá, así que ella entendió el riesgo y aceptó hacerse el estudio.

El mismo constaba de dos partes, la primera era sin el líquido. Comenzaron con la primera parte y justo antes de ponerle el líquido, entró la doctora e interrumpió el proceso porque habían logrado localizar el bloqueo.

Mi hija fue operada y no aceptó tomar ningún medicamento. La vi por semanas meterse bajo la ducha a gritos por el dolor insoportable. El doctor nos dijo: "Imaginen que les cortan un dedo y no les dan nada para el dolor". Mi hija soportó todo el dolor por el amor que sentía por su hijo, sin embargo, no fue en ese momento que se hizo resiliente.

Mi hija volvió a ser mamá por segunda vez de una hermosa niña. Al pasar el tiempo, se enfrentó a un proceso muy doloroso que por respeto a su privacidad no puedo compartir con ustedes. Como mamá, hice lo único que podía: mantenerme a su lado, clamar y acompañarla en su dolor.

Por más que yo me esforzaba, mis palabras jamás podían llenar el vacío que había en su corazón y cuando definitivamente pensé que la perdería para siempre, pues varias veces le llegaron pensamientos suicidas, ella determinó creerle a Dios, levantarse y luchar. Hoy día, mi hija está por terminar su bachillerato en enfermería, volvió a ser madre y puedo decirles que no pudo cambiar aquella situación que le cambió la vida para siempre, pero aprendió a ser fuerte para sus hijos y darles un ejemplo de superación personal y espiritual. Dios fue el aliado en su proceso, mi hija aprendió a vivir con el dolor, es resiliente y yo me siento muy orgullosa de ella.

Mi último hijo se llama Josué. Acerca de él leyeron en el capítulo titulado "Una oportunidad". Desde que nació, fue un niño muy amado por todos y como pudieron ver su fe y determinación sobrepasan todo lo que yo pueda decirles, sin embargo, sus procesos fueron muy fuertes.

Desde niño, su héroe era su papá. Cuando tenía cinco años, su papá cayó preso y se separó de Josué. Yo no sabía cómo explicarle lo que había pasado y si lo hubiera hecho, le hubiera destrozado el corazón. Así que, como el uniforme de la cárcel era color verde con botas militares, le dije a Josué una mentira que sostuve por años. Le hice creer que su papá estaba en el ejército, en el "Army".

Como una leona, defendí aquella mentira por años. Todo el mundo tenía que hacerle creer a mi bebé que su papá estaba en el ejército.

Mientras crecía, él no entendía por qué en las actividades de reconocimiento de la escuela siempre lo dejaban para el final y las maestras lo identificaban como un niño especial. Josué era humilde y muy brillante. Tenía la capacidad de robarle el corazón a todo el que tuviera contacto con él.

Su papá hacía todo lo que podía dentro de sus limitaciones por demostrarle su amor. Todas las semanas, aun cuando me faltaban fuerzas o dinero, hacía lo imposible por llevar a Josué a visitar a su papá al "Army".

En una ocasión, Josué debió tener algunos siete años, recibió una invitación para un "casting" para hacer un anuncio de televisión y posiblemente hacer películas de Disney. A esa edad, él bailaba "break dance" y estaba en un grupo de baile en el que era el único niño y los demás eran jóvenes adultos.

Estábamos muy emocionados, lo preparé para su entrevista, le enseñé a modular la voz, también practicamos varios gestos con su cara para expresar diferentes emociones. El movimiento corporal y el dominio escénico los dominaba a la perfección, así que yo estaba convencida que lo lograría.

Cuando llegamos al lugar, nos estaban esperando e inmediatamente nos pasaron para hacernos una entrevista. La persona me pidió que por favor dejara que Josué contestara todas las preguntas que se le hicieran. Le hizo varias preguntas las cuales contestó sin problemas, pero hubo una que se me quedó grabada en el corazón: "Josué, ¿por qué quieres salir en televisión?" Él contestó: "Quiero ser famoso para ganar mucho dinero, comprarle una casa a mi mamá y sacar a mi papá del "ARMY" para que regrese con nosotros".

Solo recordar esas palabras me vuelven a romper el corazón. Mi hijo recibió muchas oportunidades dentro del mundo del espectáculo. Sin embargo, con el tiempo me di cuenta de que aquel mundo podía lastimarlo, así que no permití que aquel corazón inocente y puro fuera destruido por la fama y el éxito.

Cuando estaba más grande, un día Josué entró a la casa y fue a la cocina en donde me encontraba cocinando y hablando con sus hermanos. Josué estaba muy callado. De pronto, nos interrumpió y con sus hermosos ojos llenos de lágrimas me preguntó: "Mami, ¿es verdad que mi papá no está en el "Army", es cierto que él está preso?"

Nos quedamos sin poder reaccionar por unos minutos. Sentí que me faltaba el aire, mi hija inmediatamente le preguntó quién le había dicho algo así y él le contó que una amiguita le dijo que él estaba ya grande, que tenía que saber que su papá no estaba en el "army" y que estaba preso.

Mi hija salió en busca de aquella muchacha y si no la hubiéramos detenido, seguramente la historia sería una muy diferente. Aunque me dolía la forma en que mi hijo tuvo que enterarse, aquella chica tenía razón, ya era tiempo que supiera la verdad. A mí me tocó la parte más difícil, explicarle las razones por las que su papá estaba en la cárcel y disculparme por aquella mentira que había sostenido para proteger su corazón.

Sé que mi hijo sufrió mucho con aquella verdad, sin embargo, su amor y respeto por su papá no fueron afectados. Él entendió claramente que todos en la vida de una forma u otra vamos a tomar decisiones incorrectas y que el amor de su padre siempre había estado presente, aunque físicamente no lo estuvo por algunos años.

Tiempo después, su papá salió libre y regresó a la vida de Josué, aunque no a la de nosotros. Cada uno tomó caminos diferentes. Hoy día, Josué es un profesional de éxito y para el momento que ustedes lean esta historia debe estar casado con una joven que vive para hacerlo feliz.

Hace unas semanas, le dije preocupada: "Josué, tienes que buscar más de Dios. Mira todo lo que está sucediendo en la humanidad y tú solo trabajas día y noche". Él me contestó: "Pronto levantaré mi empresa y crearé trabajos para miles de personas. Los voy a ayudar a salir adelante, esa es la forma en que yo cumpliré con la misión que Dios me entregó. Mami, Dios nos usa a todos de forma diferente y mi fe y mi amor por Dios cada día son más grandes, pero tengo que hacer lo que él puso en mi corazón para ayudar a los demás".

Mi hijo Josué tampoco pudo cambiar su niñez y borrar el dolor de no haber tenido a su héroe a su lado, en los momentos que él más lo necesitaba, pero aprendió a sobreponerse y aún con su dolor, determinó superarse y salir adelante.

Indudablemente, he tenido en mis hijos un ejemplo de superación increíble. Mientras vivamos en esta tierra, el dolor y los retos serán constantemente parte de nuestra existencia y no se detendrán. Tampoco nosotros dejaremos de aprender y de desarrollar nuestra fe y confianza en el Creador.

Seguramente, estarás de acuerdo conmigo en que muchas veces cuando piensas que estas en tu mejor momento, de pronto algo cambia y te toma por sorpresa. En ese preciso momento me encontraba yo, estaba inmensamente feliz, Dios me trajo al hombre de mi vida, tenía trabajo, me encontraba dando conferencias y charlas, nuestros hijos encaminados, teníamos planes de boda y yo estaba trabajando en la nueva producción de ***Despeinada***. Todo parecía ser fiesta y alegría.

Nos encontrábamos con mucho estrés con la producción y no nos deteníamos un solo instante y de pronto Omalier comenzó a sentirse mal. Visitamos infinidad de veces diferentes hospitales y médicos quienes no encontraban nada.

Inquieta ante aquella situación, llamé a un especialista que me habían recomendado. Cuando le expliqué a la secretaria mi preocupación, me comunicó directamente con el doctor, cosa que es bien poco común. Cuando le dije los síntomas, me pidió que lo fuéramos a verlo inmediatamente. Le envió a hacer muchísimos estudios y luego nos tocó la espera de los resultados.

Unos días después, ya habían llegado los resultados y nos llamaron para pasar por la oficina. Así que el papá de mi esposo y yo fuimos acompañarlo, pues él estaba visiblemente nervioso y no era para menos.

Cuando llegamos, nos pasaron a la oficina del doctor y luego de un tiempo de espera, en el cual todos los pensamientos terribles te cruzan por la cabeza, por fin llegó el médico que no era el que originalmente lo había atendido.

Nos saludó, abrió el expediente y luego de leer los resultados, miró a Omalier y le dijo: "Muchacho, yo nunca había visto algo como esto. Tú tienes cientos de pólipos en tus intestinos y más de treinta son cancerosos, además tienes dos tumores".

Mientras escribo esto, vuelvo a quedar en estado de "shock". Aquel doctor parecía que le estaba diciendo que se había pegado en la lotería, sin ninguna delicadeza, sensibilidad o empatía. Nosotros no sabíamos ni cómo reaccionar.

Omalier, se puso pálido ante aquella terrible noticia y me dijo: "¡Me siento mal!" En ese momento, entró su doctor quién inmediatamente le tomó sus signos vitales y se percató que su presión le había bajado a cuarenta. Lo acostaron en una camilla, le pusieron suero y medicamentos hasta que lograron normalizar sus signos vitales. Luego, comenzaron a preparar la documentación para admitirlo y operarlo de emergencia.

Mientras su papá se había mantenido heroicamente firme al lado de su hijo, yo estaba a su lado, pero no podía procesar lo que estaba pasando. Tenía que salir de ahí inmediatamente, así que al ver que su presión había subido, le dije que saldría un momento al carro a buscar el cargador de mi celular.

Una vez salí de aquella oficina, caminé lo más rápido que pude hasta llegar a mi carro. Me senté adentro, cerré la puerta con seguro y entonces comencé a gritar con todas las fuerzas de mi corazón. Le daba golpes al guía y le preguntaba a Dios entre gritos por qué me hacía eso. La mitad de mi vida estuve esperando por mi príncipe azul, por mi hombre ideal y de pronto, en meses, me lo quiere quitar.

Reconozco que yo había perdido totalmente el control. Lloraba desesperadamente y no tenía idea de cómo enfrentaríamos aquella situación. Mi pregunta repetitiva a Dios era por qué permitía que un hombre joven, bueno, lleno de fe y amor, recibiera un diagnóstico tan terrible como ese. No podía borrarme la imagen de cuando le dieron sus resultados, él estaba asustado y sin casi poder hablar me miraba fijamente a los ojos.

Tenía que llamar a mi supervisora para decirle que no podría regresar al trabajo y cuando la tuve en el teléfono, no sé por cuánto tiempo ella me escuchó llorar desesperadamente y gritar una y otra vez. Recuerdo que, como mujer de Dios, me dio palabras de aliento y de fortaleza.

Yo creo que fue en esta experiencia cuando me gradué realmente de actriz, pues me compuse, limpié mi cara, volví a maquillarme y salí del auto. Caminé otra vez hasta llegar al lado de Omalier con una actitud de campeona. Le dije que ese diagnóstico era parte de nuestro testimonio y que yo sabía que junto a Dios íbamos a salir adelante.

No creo que Omalier me haya visto alguna vez llorar por su proceso, pues desde ese día mi baño, mi carro, cualquier ascensor o rincón que encontrara, eran mis puntos para desbordarme y desahogarme llorando y sacando ese dolor que me apretaba el pecho y se apoderaba de mí, pero jamás frente a él.

Hubo momentos que pensé que no podría con la prueba, me sentía en una montaña rusa de emociones. Llegué a pensar que debía cancelar la obra **Despeinada**, sin embargo, Dios me mostró que hay que vivir lo que predicamos. Así que un día llegué al hospital y le dije: "Mi amor, no sabemos los planes de Dios y si te llamara a descansar el día del estreno de la obra, tendré que dejarte solo por un ratito para ir hacer la función. La obra habla de la actitud que debemos tener ante los procesos, así que tengo que dar el ejemplo y cumplir con la misión que Dios nos ha entregado". Nunca olvidaré aquella mirada tierna con la que me dijo: "Ve y haz lo que tienes que hacer. Yo voy a estar bien".

Luego de la operación en la que le removieron su intestino grueso, nos tocó ir a la oncóloga quien nos dijo que nos daba una semana para hacer lo que quisiéramos antes del tratamiento de quimioterapia que sería sumamente fuerte y no sabíamos cómo él respondería.

Convencida que teníamos que aprovechar esa semana, le dije a Omalier que si él quería podíamos adelantar la boda y casarnos. Él, visiblemente emocionado, me dio su mejor sonrisa y me dijo: "Yo sé que tú puedes hacer una boda en una semana".

Cuando estuve a solas, caí de rodillas y le dije al Padre que no tenía idea de cómo lo haría, que me ayudara a cumplir ese sueño que teníamos. Al otro día, desperté temprano y estaba tan distraída y triste que, sin darme cuenta, me puse la peor ropa que tenía, con unas sandalias que las iba a botar de lo viejas y dañadas que estaban.

Yo no estaba pensando claramente, solita salí a organizar la boda que sería exactamente el sábado próximo. Comencé buscando el lugar donde haríamos la ceremonia, se me ocurrió hacerla en nuestro lugar favorito y donde se habían tomado las fotos de la portada de mi libro *El Grito*, el Ojo del Buey, en el pueblo de Dorado en Puerto Rico.

Es una playa muy tranquila y hermosa, parece un paraíso escondido. En ese lugar, había una loma que en el tope que es llana y desde donde se puede apreciar la magnitud y la belleza del mar. Manejé hasta el lugar y cuando llegué, estaba totalmente vacío. Caminé hasta la loma y una vez estuve parada frente al mar, visualicé nuestra boda en aquel hermoso lugar. Definitivamente, era el lugar perfecto. Levanté mis manos y me quebranté. Lloré y me desahogué ante aquel inmenso mar y cerré dando gracias a mi Creador porque sabía que Él estaba junto a mí.

Justo al pie de la loma, había una casa, así que me detuve hablar con el dueño y luego de contarle mis planes, me dijo que contara con él, que el próximo sábado bloquearía la entrada para que nadie subiera a la loma. Recuerdo que el señor era mayor y antes de irme comenzó a llamar a su esposa para que viniera a conocerme y a orar por mí. Yo estaba de prisa y no estaba vestida apropiadamente para conocer a nadie, pero ante la insistencia del caballero esperé hasta que su esposa llegó hasta donde nosotros.

Luego de saludarme, se quedó mirándome fijamente a los ojos, hasta llegué a pensar que estaba molesta. Luego se dirigió a su esposo y le dijo: "¿Por qué me llamas para orar por una ungida de Dios?" Caí de rodillas ante aquella mujer que puso sus manos sobre mí y más que un clamor, sentía a Dios mismos hablando. Salí convencida de que había un plan hermoso detrás de tanto dolor, que solo debía seguir sin detenerme y sin preguntar.

El lugar ya había sido escogido y separado, ahora faltaba mi traje. No tenía mucho presupuesto, pero aun así me fui a una tienda muy reconocida de novias. Cuando me vieron llegar con aquel aspecto, mal vestida y la cara hinchada de tanto llorar, la joven que me recibió me dijo: "Los trajes en especial están al final".

Realmente, no me importaba lo que los demás pensaran, así que llegué al área de especiales e inmediatamente vi un traje que me gustó y costaba noventa y nueve dólares. Era exactamente lo que buscaba. Una empleada se acercó a ayudarme, pero lamentablemente el traje me quedó grande. Cuando salí del probador, un joven se acercó, me ajustó el traje y me dijo que solo necesitaba entallarlo.

Yo tenía dos problemas, primero, la boda era en una semana; en segundo lugar, tenía exactamente el dinero para comprar el traje, no para cubrir el costo de entallarlo que era casi el doble del traje. Cuando le dije al joven mi situación, me pidió que me cambiara, cosa que entendí, pues lo estaba haciendo perder su tiempo. Salí del probador, le entregué el traje y me pidió que lo siguiera. Llegamos al área de costura y él colocó el traje en una mesa y se fue.

Inmediatamente, me di cuenta de que él no me había entendido, así que me disculpé con las damas que me estaban mirando fijamente. Cuando me disponía a salir, una de ellas me detuvo y me dijo: "Señora, el arreglo va por la casa y el traje estará listo para el miércoles". Comencé a llorar de emoción y todos ellos también. De salida, abracé a aquel joven y le di mil veces las gracias y él me dijo: "¡Serás una novia muy hermosa!"

De la misma forma, fue en cada lugar que llegué. Todos me preguntaba lo mismo: "¿Por qué esperaste hasta el último momento?" Así que, les explicaba que era una boda de emergencia y todo el mundo reaccionó de la misma forma, se habían comprometido a ayudarme para hacer aquel sueño una realidad.

Los arreglos florales los queríamos montados en unos veleros de madera con hortensias azules y lo primero que me dijeron es que no era posible porque eran muy delicadas y no aguantarían el calor, por lo que a las dos horas ya estarían muertas. Aun así, insistí pues habíamos visto en una revista los arreglos y siempre los quisimos para nuestra boda. El florista, aunque dudoso, me dijo al final: "¡Quedarán hermosos! Pero no olvides que te lo advertí".

En un solo día, Dios y su equipo habían organizado una boda para nosotros. Solo faltaban los anillos y no quedaba mucho dinero, así que, junto a mi hija, llegamos a una tienda por departamentos que tenía un área de joyería y tengo que decir que ese ha sido uno de los momentos más emotivos de mi vida.

Omalier estaba sentado en una silla de ruedas, pues aún no podía caminar mucho. Nos acercamos a la vitrina y comenzamos a mirar todo lo que estaba al alcance de nuestro presupuesto. Escogí una sortija hermosa, su costo era mínimo, pero su valor para mí era incalculable. El esfuerzo que hizo mi esposo por darme aquel momento especial la hacía invaluable.

Había llegado el gran día y mientras todas las chicas se arreglaban en la parte de arriba de la casa de mi hermana, sin que se dieran cuenta, me fui con mi traje de novia hasta el cuarto de mi mamá, quien con su mente perdida no entendía que ese era el día más importante para su hija. Me vestí frente a ella, la besé y luego salimos hasta el lugar donde sería la boda.

El 15 de octubre de 2016 Omalier y yo, junto a nuestras familias y amigos más allegados, celebramos una boda para la historia. Mi sueño de tener un saxofonista tocando en ese momento tan especial, Omalier me lo había cumplido. El viento se entrelazaba con las melodías mientras los invitados se ponían de pie para recibir al séquito compuesto por nuestros hijos y familia. Mis dos hijos me llevaron hasta el altar, que estaba perfectamente ubicado en el medio de aquel panorama que dejaba ver la inmensidad y el hermoso color azul del mar rodeado por las verdes montañas.

No puedo describir aquel instante en que pude ver a Omalier, visiblemente delgado, vestido impecablemente y hermoso, de pie junto al altar que nos vio decir "Sí, acepto", en una tarde perfecta y rodeada de emociones.

Cuando miré a nuestro alrededor, desde las sillas blancas, los arreglos florales, la decoración marítima, el hermoso bizcocho y todos los detalles hablaban del amor de Dios para con nosotros. Mi hermano nos dedicó una hermosa alabanza que nos sacó lágrimas a todos, además, hicimos la ceremonia de la arena junto a todos nuestros hijos y cerramos ese momento con el esperado beso de los nuevos esposos.

Ese día fue muy especial para nosotros, pues todos los que estuvieron presentes fueron testigos de nuestros procesos y de cómo aquel dolor nos había inspirado para crear memorias inolvidables y cumplir un sueño en medio de la adversidad.

Como si no fuera suficiente, Dios nos dio su regalo final: una puesta de sol espectacular y una luna inmensamente grande y hermosa, la cual recibimos con nuestros brazos levantados dando gloria y agradeciendo a nuestro Creador.

Todo había sido mejor de lo que imaginamos: las flores no duraron dos horas sino dos semanas. Mi agradecimiento era tan inmenso que el lunes siguiente regresé a la casa de novias y les mostré las fotos y no se hicieron esperar las emociones y las lágrimas. De la misma forma, fui a cada lugar y di personalmente las gracias por haber sido parte de aquel sueño de amor.

También, agradecí a todos mis amigos y familiares que nos apoyaron y nos ayudaron con todos los detalles, incluyendo el hermoso bizcocho, el cual fue hecho por una de mis mejores amigas, Normita. No puedo dejar de agradecer una sorpresa que recibimos estando en el hospital justo un día antes de la operación dos amigas llegaron al hospital de sorpresa, una de ellas es capellán y tuvieron la iniciativa de hacernos una ceremonia de boda, oraron y hasta brindamos con refresco. Recuerdo que, en vez de anillos, teníamos unas pulseritas hechas de soga natural. Ese fue un momento muy emotivo y tan importante, como lo fue nuestra boda en la playa.

Mi esposo pasó una quimioterapia muy fuerte, pero dio la buena batalla. Por un año, dormía en una silla reclinable porque le era muy incómodo dormir en la cama y yo dormía a su lado en el mueble, sin separarme de él un solo instante. En las madrugadas me levantaba y lo veía de rodillas. Todos los días estaba escuchando alabanzas y predicaciones. Él le había pedido al Señor que no permitiera que perdiera el pelo y que fuera diferente su proceso para tener un testimonio de victoria que compartir y Dios se lo concedió. Nadie podía imaginar que él estuviera pasando por un proceso tan difícil. Jamás pensó negativo o recriminó a Dios por su proceso, al contrario, daba gracias por él, pues su fe y su relación con el creador había llegado a otro nivel.

Pasado un año de tratamiento, mi esposo volvió a salir con cáncer y esta vez la operación fue mucho más grande y riesgosa. Su recuperación fue más difícil, sobre todo porque el huracán María nos sorprendió y no contábamos con la energía eléctrica, ni el agua como recursos básicos para sus cuidados. Por otro lado, se complicaba más la situacion debido a que mi mamá, que en aquel entonces aún estaba viva y encamada, sufrió también las secuelas desastrosas del huracán.

Mientras más difícil y complicada la vida se nos ponían, yo me inspiraba en escribir charlas las cuales llevaba a todas partes. Hicimos nuevamente la obra **Despeinada** y esta vez llegamos a Estados Unidos donde fuimos apoyados por la prensa y los medios de comunicación, así como el público. Cada vez que finalizábamos la obra, recibíamos los aplausos de un público de pie quien se había identificado con nuestro dolor, se habían motivado con nuestros testimonios de fe y perseverancia y habían determinado no rendirse y luchar por sus sueños.

Mi esposo y yo somos también resilientes, al igual que nuestra familia, porque a pesar de nuestros sufrimientos, crecimos en cada proceso y entendimos que no estaba en nuestras manos cambiar la situación.

El enemigo número uno de la resiliencia es la suposición incorrecta de pensar que nosotros tenemos la capacidad para manejar lo que nos duele y no logramos entender. La clave para ser un resiliente es saber elegir y nosotros elegimos confiar en el Dios. No pudimos cambiar la situación, pero nosotros cambiamos y resistimos porque sabíamos que no estábamos solos en nuestro caminar.

Una vida feliz y plena no depende de la ausencia de experiencias adversas, sino de cómo respondemos ante este tipo de situaciones y cuánto logramos crecer a través de ellas.

Hoy miro todas las cicatrices que tiene mi esposo en su cuerpo y, aunque parezca una locura, para mí son hermosas. Son ellas las que me recuerdan lo hermosa que es la vida y el amor incomprensible de nuestro Creador.

La locura de concentrarme en el crecimiento y no en el sufrimiento me llevó a descubrir la capacidad que Dios me había dado para resistir.

Así que no temas, porque yo estoy contigo; no te angusties, porque yo soy tu Dios. Te fortaleceré y te ayudaré; te sostendré con mi diestra victoriosa. - Isaías 41:10

La Boda

El Ojo del Buey
Dorado Puerto Rico

CAPÍTULO 13

La locura de la cruz

Seguramente, debes haber notado de que nuestro mundo se ha puesto de cabezas. Vivimos la vida tratando de hacer equilibrio e intentando caminar derechos en un mundo que está al revés.

Todo a nuestro alrededor se ha tornado en un caos. La naturaleza, los gobiernos y la sociedad parecen haberse confabulado para autodestruirse y mientras, nosotros estamos como espectadores a la espera de sobrevivir para poder ver el gran final.

Antes, las personas luchaban por mantenerse coherentes y equilibrados. Hoy, la única forma de sobrevivir en esta tierra es perdiendo un poco la cordura y el sentido común.

No importa en qué parte del mundo vivas, seguramente has visto la locura colectiva que se está apoderando de la humanidad a consecuencia de los procesos que nos han tocado vivir.

Aquí en Puerto Rico, comenzamos en septiembre de 2017 con el huracán María, categoría cuatro, el cual destrozó sin piedad la isla. No bien nos estábamos recuperando, cuando en diciembre de 2019 comenzamos con los terremotos que nos sacudían a diario. Más de dos mil terremotos en solo semanas destruyeron propiedades y aniquilaron nuestra salud emocional. Apenas dos meses después, aún sufriendo los movimientos de tierra, nos llegó el Covid-19, el cual nos robó la libertad y terminó con la vida de millares de seres humanos alrededor del mundo.

No sé si para cuando estés leyendo este libro aún estemos en medio de la pandemia o ya habremos comenzado con algún otro nuevo reto.

Es normal que diariamente enfrentemos situaciones y procesos. Muchas veces son situaciones que afectan solo un parte de nuestra vida como, por ejemplo, tenemos problemas económicos pero nuestra salud, trabajo, familia están bien. Sin embargo, es diferente cuando un día despiertas y todo a tu alrededor ha sido afectado y no hay nada que puedas hacer. Eso exactamente le pasó a la humanidad. De pronto, el gobierno, la naturaleza, la economía perdieron el equilibrio, el control y la seguridad por un virus que amenaza con la vida de las personas y de sus familias, entonces es cuando tu salud mental, física y espiritual son sacudidas.

Eso le pasó exactamente a mi familia: comenzamos a sentir miedo, pánico, confusión. Despertábamos en las noches con pesadillas y se sentía como si una nube negra nos hubiese cubierto. En cada una de mis charlas y conferencias invito a las personas a encontrar la parte positiva dentro de ese proceso que llega y parece que nos va a destruir, así que exactamente eso comenzamos a hacer. Comenzamos a buscar la parte positiva detrás de este caos mundial.

A pesar de que el Covid-19 nos ha cambiado la rutina y nos ha traído incertidumbre, golpeado la economía y obligándonos a tener distanciamiento social, no todo ha sido negativo. Hemos visto a la humanidad reinventarse y a pesar del distanciamiento social y de las leyes de sanidad que nos prohíben reunirnos y tener contacto físico, se buscaron alternativas de comunicación al usar diferentes plataformas que nos permiten mantenernos en contacto a la distancia. Estas han servido para predicar y hacer reuniones con familiares y amigos.

El mundo del entretenimiento no se quedó atrás. Han usado estos mismos medios con los cuales hemos podido disfrutar de conciertos, obras de teatro, comedias y mensajes reflexivos, que nos han hecho un poco más fácil este terrible proceso.

En el sistema de educación y el laboral comenzaron a implementar nuevas formas para poder seguir funcionando. A pesar de haber sido un proceso de adaptación muy difícil, hoy día las personas y los estudiantes hacen su trabajo "remoto", ahora los padres se involucran con la educación de sus hijos y hemos visto que, en los empleos a través de la comunicación en línea, muchos han podido continuar ejerciendo sus funciones.

Por otro lado, la naturaleza se ha recuperado, como consecuencia del aislamiento, la disminución del transporte, tanto terrestre como aéreo y el "párate" de muchas industrias, el aire se siente más puro, bajó la contaminación y hasta se ven más insectos y aves. Hemos visto en las noticias cómo un puma camina por las calles de Santiago, en Chile. Jabalíes se pasean por Barcelona, en España. Delfines nadan en las costas de Cagliari, en Italia. Patos recorren tranquilamente París, en Francia. Esto demuestra que la naturaleza recupera su lugar, cuando el hombre se ausenta.

El ser humano también ha resurgido en un brote contagioso de imaginación y creatividad. Las personas descubrieron talentos que jamás habían usado, ahora cuando entras a las redes sociales te encuentras con que casi todos tus amigos son chef, otros ni sabías que cantaban, dibujan, escriben, hacen manualidades, en fin, el ser humano se reinventó.

Por otro lado, tengo que reconocer que definitivamente el logro más importante y significativo ha sido ver la transformación espiritual de personas que no creían en Dios y ahora creen. Hemos visto infinidad de noticias alrededor del mundo con un gran número de trabajadores en el área de la salud y del gobierno que han tenido que reconocer que solo Dios puede ayudarnos. Hay países que se han humillado y han puesto sus vidas y sus gobiernos en las manos del Creador. Reconocer nuestra vulnerabilidad y nuestras limitaciones y delegar en Dios lo que es imposible para el hombre, es más que un logro, es una victoria.

Sin embargo, hay otro lado doloroso y preocupante en esta historia. Gran parte de la humanidad no ha logrado adaptarse, superar o sobrellevar todos estos cambios y procesos. Muchos se han quitado la vida y otros sufren de trastornos emocionales y están a punto de rendirse, pues les falta fe y han perdido la esperanza. Hemos visto el caos en las calles, la criminalidad, la desesperación, la ansiedad, la ira, el odio racial, la venganza y todos los malos deseos y sentimientos que se han unido con un solo propósito: destruirnos.

Fueron cada uno de estos acontecimientos los que me inspiraron a escribir y a hacer algo más que ver noticias y estadísticas. Tratando de comprender por qué estamos divididos en dos extremos: los que creemos y dentro del caos determinamos reinventarnos, crear, tener fe y superarlo y la otra parte que ha hecho todo lo contrario.

¿Por qué hay personas que cada día están más distantes, no solo de los demás sino de ellos mismos? ¿Por qué nos autodestruimos y solo parece importarnos nuestros propios intereses? ¿Dónde quedó la empatía y la compasión? Busqué la respuesta en la palabra y Dios me dijo a través de Mateo 24:12 *"debido a la maldad, el amor de muchos se enfriará".*

Si haces una reflexión rápida y repasas todo lo que el mundo está viviendo, te darás cuenta de que sufrimos las consecuencias de la falta de amor y esa es la razón de la destrucción de la humanidad y cuando decimos falta de amor estamos diciendo falta de Dios, pues Dios es amor.

La naturaleza nos devuelve el golpe, es como si se hubiera cansado del continuo maltrato, de la explotación de sus recursos, de la falta de amor y de cuidados. Los gobiernos no aman a su pueblo, su enfoque está en el poder, el control y el dinero y nosotros vivimos centrados en el bienestar de nosotros mismos. Nuestras metas y sueños solo tienen un fin: complacernos y hacernos felices sin importarnos lo que pase a nuestro alrededor. Le pasamos por el lado al dolor, el hambre, la enfermedad y la necesidad de nuestros hermanos y no nos afecta. Nos hemos hecho inmunes, hemos caído en la trampa de la costumbre.

Estamos levantando una generación en la cual el sistema de gobierno apoyado por la tecnología, las tendencias y el modernismo, han tomado el control de la educación de nuestros hijos. Enseñamos a nuestros hijos a ser "superhéroes", que tengan total dominio y dependencia de la tecnología y de ellos mismos. Les compramos juegos electrónicos con los que aprenden a matar para poder llegar a sus metas y "ganar" y de esa forma, los enseñamos a definir lo que es la "victoria". No les permitimos que muestren sus debilidades para que puedan tener autocontrol y dominio para que en un futuro puedan ser buenos líderes y ejercer poder.

Hemos creado leyes que les dan la autoridad de determinar y elegir quiénes desean ser, renegando su naturaleza y la creación divina. Es una generación basada en la autosuperación y autosuficiencia con el concepto completamente erróneo de lo que es ser próspero y tener éxito.

No entiendo por qué cuando vemos en las noticias crímenes en las escuelas, o hijos asesinando a sus padres o maltratando a los ancianos, nos horrorizamos cuando somos nosotros los responsables de no haber fomentado y enseñado el amor.

Antes de escribir este capítulo, quise hacer una prueba simple para ver cómo reaccionaba mi familia y algunos de mis amigos. Les envié a todos un mensaje que decía "TE AMO". Solo mis hijos y mi esposo me contestaron de la misma forma. El resto de las personas me daban las gracias, otros me contestaron que me querían mucho y para otros, con una imagen digital de un corazón o un beso, fue suficiente.

Hoy día, decir te amo fuera del vínculo familiar o de pareja, no es lo normal y para muchos no es lo correcto porque se presta para mal interpretaciones. Sin embargo, esa es la base, la piedra angular, lo que nos equilibra y nos define como hijos de Dios. Uno de los maestros de la ley le pregunto a Jesús, cuál era el mandamiento más importante y este le contestó: "El más importante es ama al Señor tu Dios con todo tu corazón, con toda tu alma, con toda tu mente y con todas tus fuerzas. El segundo más importante es ama a tu prójimo como a ti mismo".

El hombre cambió el principio establecido por Dios de expresar y dar amor y fue justo ahí donde comenzaron nuestros problemas. Ahora hemos clasificado nuestros sentimientos y emociones y les hemos asignado categorías. Por ejemplo, en vez de decir "te amo", puedes decir te aprecio, te tengo cariño o te quiero. No hemos entendido la diferencia y el poder que hay en la expresión "te amo", incluso juzgamos si el término no es usado de la forma "correcta".

En Juan 21:15-25. "Después de comer, Jesús dijo a Simón Pedro: Simón, hijo de Jonás, ¿me amas más que éstos? Le respondió: Sí, Señor; tú sabes que te quiero. Él le dijo: Apacienta mis corderos. Volvió a decirle la segunda vez: Simón, hijo de Jonás, ¿me amas? Pedro le respondió: Sí, Señor; tú sabes que te quiero. Le dijo: Pastorea mis ovejas. Le dijo la tercera vez: Simón, hijo de Jonás, ¿me quieres? Pedro se entristeció de que le dijera por tercera vez: ¿Me quieres?, y le respondió: Señor, tú lo sabes todo; tú sabes que te quiero. Jesús le dijo: Apacienta mis ovejas."

Jesús nos muestra claramente que hay una diferencia en amar y querer. Lamentablemente, hoy día nos incomoda si alguien fuera de nuestro vínculo afectivo familiar nos dice "te amo". Hasta el amor incondicional ha pasado de moda y cuando lo encontramos o lo vemos, nos impacta.

Hace algunos años, fui testigo de lo que es amor incondicional y les quiero compartir la historia por si alguien ha olvidado de qué se trata.

Una vez en semana acostumbraba a ir junto con el ministerio de adoración a visitar un hogar de ancianos. Les cantábamos, les llevábamos galletitas y luego compartíamos con ellos un ratito. Las enfermeras buscaban a cada anciano y lo acomodaban con sus sillas de ruedas en el salón de actividades. También movían las camas de los que estaban más delicados de salud y los llevaban hasta el salón. Era hermoso ver la alegría con la que nos recibían, definitivamente era una experiencia emotiva y muy gratificante.

En una ocasión justo frente a mí, acomodaron a una pareja de ancianos en sus respectivas sillas de ruedas. La anciana tenía entre sus brazos un bebé envuelto en una sabanita. Era un muñeco, pero claramente para ella era un bebé real. Mientras cantábamos, ella lo abrazaba y lo mecía al ritmo de la música. Lo levantaba alto para jugar con él y lo miraba con ternura. De vez en cuando, se lo pasaba a su esposo quien también hacía lo mismo con el bebé, mientras ella lo observaba llena de amor.

Yo apenas podía cantar frente aquella escena. En cuanto terminamos, me les acerqué y le dije a ella que su bebé era muy hermoso, luego miré a su esposo quien sabía que yo estaba buscando una explicación y él me dijo: "Unos meses luego de nuestro bebé nacer, murió y para mi esposa aún sigue estando entre sus brazos. Entonces, le pregunté: "¿Y para usted?" Sonriendo el anciano me dijo: "Yo la amo tanto que para mí también nuestro hijo está entre mis brazos".

Ante aquella respuesta, solo pude llorar. Aquel anciano no tenía ningún trastorno mental como lo tenía su esposa y solo por amor, era capaz de compartir la locura de ella. Por semanas, volvía a recordar aquella imagen de la señora meciendo a su bebé y las palabras de aquel hombre que rebotaban en mi cabeza una y otra vez, "yo la amo tanto".

Reflexionando sobre esta historia, tengo que reconocer que a través de mi conflictiva y complicada vida y de mis momentos más dolorosos cuando me encontraba rota y sin esperanza, siempre hubo alguien que me acompañó en mi locura solo porque me amaba tanto y lo más grandioso es que aún ese amor incomprensible sigue estando a mi lado.

Expresar nuestro amor con palabras y entender que el verdadero amor es una entrega ilimitada y sin restricciones, ni categorías me hace recordar un evento que nos muestra el amor en su máxima expresión.

"La locura de la cruz", ese es el título de este capítulo final y es la razón y el tema principal de este libro. Es ese amor incomprensible que, ante el razonamiento del hombre es absurdo, exagerado y sin sentido, es la locura de Dios.

No importa cuántas veces me he esforzado en entender el amor de Dios, mi mente finita no alcanza a comprender. ¿Acaso no había otra forma de solucionarlo? ¿Nos ama acaso Dios más de lo que amaba a su hijo Jesús? Es difícil para una mente racional entender el amor de Dios.

Cuando comienzas a leer la Biblia y las enseñanzas de Jesús, te das cuenta de que muchas de ellas carecen de lógica y de sentido racional.

La Biblia dice que Jesús enseñó que los últimos serán los primeros y que el más pequeño será el más grande en el reino de los cielos. También dijo, que el que ama, todo lo sufre, todo lo cree y todo lo espera. Además, nos envió a perdonar setenta veces siete y como si fuera poco, nos dice que, si alguien te da en una mejilla, le entregues la otra y si te quita la camisa, también le entregues la capa.

Si para ti todas esas enseñanzas carecen de lógica, imagina cuándo el Padre envió a su único hijo a la tierra para que, al dejar su divinidad, se hiciera hombre y luego de sus enseñanzas, milagros y prodigios, fuera humillado y crucificado como un vil criminal. Definitivamente, ante esta historia tendríamos que decir que Dios se volvió loco.

No quiero que piensen que le estoy faltando el respeto a Dios, simplemente estoy parafraseando la cita bíblica que se encuentra el 1ra de Corintios: 1:18-19 la cual dice que "porque la predicación de la cruz es locura para los que se pierden; pero a nosotros los salvos, es poder de Dios".

Dicho en palabras más simples, es el sacrificio de la cruz una locura para los que no creen, pero para los que creemos, es el poder de Dios.

La muerte de Jesús en la cruz del Calvario es definitivamente uno de los eventos más significativos y poderosos de la tierra y fue la culminación de su increíble obra de amor para con nosotros. El propósito de Jesús no fue solamente ser un sacrificio expiatorio por los pecados de las personas y vencer la muerte para regalarnos la vida eterna.

El propósito de Jesús fue también dejarnos un ejemplo para poder sobrellevar las cargas y las aflicciones que tenemos en este mundo. No pudimos estar presencialmente con Jesús cuando estuvo colgado en la cruz, pero cada uno de nosotros podemos tomar nuestra propia cruz y seguirlo sabiendo que al final obtendremos los mismos resultados que él: morir, resucitar y vivir enteramente. Él venció la muerte y resucitó con sus heridas marcadas y este para mí es el mensaje más importante de Jesús. Cada cicatriz en mi corazón me recuerda que superé un proceso y que, mientras Jesús esté en mi vida, ninguna herida será mortal.

Desde el primer capítulo de este libro hasta este último, he compartido historias y testimonios que hablan de nuestros procesos y de cómo Dios cuando tenemos la actitud correcta y activamos la fe, puede cambiar nuestra situación y transformar lo que parecía imposible en posible.

También, compartí las diferentes locuras que hice y trajeron como resultado algo positivo a mi vida. Te hablé del amor incondicional e incomprensible de Dios y de la locura de la cruz y la pregunta es: ¿Por qué compartir todo esto contigo?

Seguramente, no sé quién eres. Tampoco sé si estás muy cerca de mí o al otro lado del mundo, sin embargo, nada de eso importa porque ambos estamos pasando por el mismo proceso. El mundo se reestructura con un nuevo orden mundial y a todos nos afecta de una manera u otra, pero más importante que todo lo que pueda pasar a tu alrededor, está tu vida y tu futuro.

Es totalmente imposible lograr cosas nuevas y diferentes en tu vida con una misma mentalidad. Lo que está pasando a nuestro alrededor es una señal clara de que el tiempo se está terminando y es preocupante ver cómo gran parte de la humanidad está sumergida y distraída tratando de entender lo que está pasando y están ajustando sus vidas para adaptarse al sistema y poder seguir funcionando.

Ante esta situación, yo no podía quedarme con los brazos cruzados. Necesitaba buscar la forma de hacerle comprender a la humanidad que más importante que un nuevo orden mundial, está el divino y que cada acción o decisión de nosotros, determinará de qué lado estamos y definirá cuál será nuestro final.

Escuchamos y hablamos de que muy pronto los cielos se abrirán y Cristo llegará, pero olvidamos que esa llegada inesperada de Jesús puede ser tu muerte repentina ante el virus, un accidente o una enfermedad.

Cierro este capítulo invitándote a perder tu lógica y tu cordura, es tiempo de que vivas con los pies bien puestos en el cielo y no en la tierra. No podrás cambiar lo que está pasando alrededor del mundo, pero habrás cambiado tú y tu entorno. No le temas a los procesos porque los mismos son invaluables. Son las raíces fuertes que te sostendrán cuando los fuertes vientos de la vida te sacuden. Son el tiempo de fortalecimiento donde aprendes a depender solo de Dios.

No temas caminar por el desierto y disfrutar de sus hermosos paisajes aún cuando se te atraviese una tormenta de arena. No te dejes engañar por lo que tus ojos ven, el agua aún en proporciones mínimas sigue siendo azul, aunque tú la veas transparente.

No permitas que el miedo y el temor te detengan, más bien úsalos como eslabón para superarte y llegar a dónde Dios quiere llevarte. No quieras vivir como un héroe o una heroína, recuerda que en tu debilidad se perfecciona el poder de Dios. Cree en el amor, no importa que parezca haber desaparecido o no este hecho para ti, ese sentimiento es el más grande e importante entre la fe y la esperanza y es la razón de la locura de Dios.

La locura más grande que ha existido fue aquella cruz donde Jesús demostró que la fortaleza crece en la debilidad y que la entrega y el amor incondicional e inexplicable son las únicas armas que tenemos para luchar contra la frialdad, la muerte y el dolor en este mundo.

No temas arriesgarte, cumple tus sueños y esfuérzate por terminar tu carrera en la vida con honor y dignidad. Qué tu mayor anhelo y motivación sean ver tu nombre escrito en el libro de la vida junto a todas esas personas a las que tú le hablaste del amor de Jesús y sobre todas las cosas, agradece cada segundo de tu efímera vida en esta tierra por la **Locura de Dios** que es la que le da **Sentido** a tu existencia.

La locura de trazar mi rumbo en un mundo que está de cabezas me mostró que solo Dios dirige mis pasos.

En esto consiste el amor verdadero: No en que nosotros hayamos amado a Dios, sino en que él nos amó a nosotros y envió a su Hijo como sacrificio para quitar nuestros pecados. - 1Juan 4:10

CREDITOS

Editora:
Melissa Lebrón

Diseñador de Portada:
Pedro Guadalupe
www.pedroguadalupe.com
Email: pedroguadalupe@gmail.com
Teléfono: (787) 354-8887

Diseñador página web:
Wilfred J Lugo
Email: wilfredjlugo@gmail.com
Teléfono: (787) 515-5859

Diseñadora creativa:
Marlene Ruiz/Touch Creative Design
Email: ruizmarlene421@hotmail.com
Teléfono: (787) 525-7596

Revisión de contenido:
Vanessa M. Martínez Sulé

Para presentaciones personales:
Email: ruizruizbeverly@gmail.com
Http://www.beverlyruiz.com
Facebook & Instagram: Beverly Ruiz/
Teléfonos: (352) 804-5100
            (787) 207-1144

BEVERLY RUIZ

Nació el 20 de mayo de 1963 en la ciudad de Brooklyn, Nueva York. Está casada, es madre de tres hijos y abuela de seis nietos.

Estudió Administración de Empresas y actualmente se desempeña como escritora, oradora, conferencista y actriz.

Comenzó su carrera como autora en junio de 2010. Escribió su primer libro *El Grito*, una autobiografía motivacional cristiana. Sus vivencias y experiencias han sido de inspiración y de ejemplo de superación para miles de personas.

Como resultado de su éxito en ventas, en enero de 2014 comenzó a darse a conocer a través de la prensa, redes sociales, programas de radio, televisión y presentaciones personales con las que alcanzó la simpatía y la aceptación favorable de su público.

Un tiempo después, comenzó a trabajar con diferentes organizaciones que les dan apoyo a las mujeres abusadas y maltratadas. Esta exposición la lleva a convertirse en capellán del Gobierno de Puerto Rico, conferencista y oradora. Además, recibió el nombramiento por el Departamento de Salud del municipio del pueblo autóctono de Ponce, en la isla de Puerto Rico, como la madrina de "Almas Guerreras", organización dedicada a ofrecer apoyo a mujeres maltratadas y abusadas. Esta organización comprende diez y siente municipios adyacentes al pueblo de Ponce.

En el 2015 escribió su primer libreto de la obra teatral ***Despeinada***, *Entre Risas y Vivencias,* la cual se presentó con éxito en el Teatro Alejandro Tapia en el viejo San Juan de Puerto Rico.

Luego, la obra fue presentada en los Estados Unidos y logró acaparar la atención de la prensa y los medios de comunicación al ser la primera pieza teatral latina en ser presentada en el Reilly Art Center en Ocala, Florida y en el Miller Center of the Arts, en Filadelfia.

Actualmente, la autora presenta su nuevo libro *Locura con sentido*, que nace inspirado y como un bálsamo para el alma de la humanidad en medio de la pandemia del coronavirus.

Printed in the United States
By Bookmasters